LAISSE PARLER LES FEMMES, FAIS PARLER LES HOMMES

PAULINE CHANU, MARINE BECCARELLI,
LÉA CAPUANO, MAÏWENN GUIZIOU

LAISSE PARLER LES FEMMES, FAIS PARLER LES HOMMES

BERNARD GRASSET
PARIS

Ouvrage coordonné par Pauline Chanu

Page 24 : « La solitude ça n'existe pas » interprétée par Gilbert Bécaud, album *Les chansons d'or*, Label Parlophone, 1970, 2016 Warner Music France, paroles : Pierre Delanoë, musique : Gilbert Bécaud.

Page 178 : « Pour un flirt » interprétée par Michel Delpech, Barclay, 1971, paroles : Michel Delpech, musique : Roland Vincent.

Page 178 : « Le lion est mort ce soir » interprétée par Henri Salvador, 1962, Magic Records 2013, paroles : Henri Salvador, musique : Hugo Peretti, Luigi Creatore, Georges Weiss, Albert Stanton.

Page 179 : « La Bamba » interprétée par Ritchie Valens, Warner, 1958, paroles et musique : Ritchie Valens.

Page 226 : « DJ » interprétée par Diam's, album *Brut de femme*, Universal Music Publishing Group, 2003, paroles et musique : Luis Demetrio Traconis Molina, Mélanie Giorgiades, Pablo Beltran Ruiz, Tristan Solanilla.

Page 233 : *Chansons pour chanter à tue-tête et à cloche-pied* suivi de *Le Dromadaire mécontent* (illustrations de Jacqueline Duhême), Gallimard jeunesse, Enfance en poésie, 2001.

Page 259 : « Le vin de Corse » interprétée par Hervé Vilard, Album *P'tit Brun*, Label Trema, 1986, paroles et musique : Salvatore Cutugno, Norina Piras, Roberto Ferri, Hervé Vilard et Didier Barbelivien.

Couverture : C. Gaultier

ISBN 978-2-246-83322-2

Tous droits de traduction, de reproduction et d'adaptation réservés pour tous pays.

© *Éditions Grasset & Fasquelle*, 2024.
© France Culture, 2024.

INTRODUCTION

Automne 2017, la vague déferle sur le monde. En quelques semaines, elle s'engouffre partout, traverse les océans, s'infiltre sur les ondes, les écrans, surfe sur les fils Twitter, pousse la porte des médias. Ce n'est pas une surprise mais ce n'est pas non plus un soulagement. La vague déferle comme un tsunami et nous buvons la tasse. La peur de raconter recouvre parfois la joie de la délivrance. Nous observons, admiratives, les courageuses qui défient les murs du silence. Malgré l'angoisse de ne pas être écoutées, elles disent haut et fort les gestes les plus bas, et regagnent leur dignité. Les voix d'une, puis de deux, puis de millions de femmes se sont rejointes pour former un ressac qui ne pouvait plus être ignoré. En réalité, cela fait des années, même des décennies que les femmes dénoncent à bas bruit les agressions. Rares sont celles et ceux qui se rappellent que, déjà en 2006, la travailleuse sociale et militante afro-américaine Tarana Burke lançait le premier #MeToo pour dénoncer les violences sexuelles commises sur les petites filles noires.

La différence de ce 5 octobre 2017 avec toutes les autres journées, c'est que ce sont des femmes puissantes, des stars hollywoodiennes, qui prennent la parole. On commence à écouter.

Nous avons alors 27, 28 ou 29 ans. Nous sommes journalistes, documentaristes ou historienne. Nous sommes bretonne, haut-savoyarde et parisiennes. Nous travaillons toutes les quatre pour France Culture depuis quelques mois ou quelques années. Nous nous connaissons à peine, nous sommes simplement collègues, ou plutôt consœurs, mais, au cœur de ce bureau dans lequel nous travaillons tôt et tard, notre amitié naît de cette conversation incessante. Toi aussi ? Elles aussi ? Nous aussi.

Nos mères sont femme au foyer, assistante familiale et secrétaire comptable. Nos sœurs sont étudiante, graphiste, conseillère chez Pôle Emploi, secrétaire médicale, ou en congé maternité à durée indéterminée… Des vies à des années-lumière de celles des actrices internationales qui ont ouvert la voie. Vues de loin, ce sont des madame Tout-le-Monde. Des femmes à la vie dite ordinaire, qui, dans le creux de la banalité, poursuivent une existence heurtée. Ces femmes sont en réalité partout.

Les malentendues

Deux ans plus tard, à l'automne 2019, l'une de nous rend visite à sa mère. Ce jour-là, elle la voit comme elle l'a vue toute sa vie : dans la cuisine. Elle débarrasse le repas, passe l'éponge, puis s'assoit et se sert un café lyophilisé. Comme tous les jours, elle est impeccablement coiffée, maquillée, habillée, et perchée sur des talons.

Comme tous les jours aussi, la petite télévision à côté de l'évier est allumée. Adèle Haenel et sa colère apparaissent à l'écran. En bas, le bandeau d'une chaîne d'information en continu défile. *Révélations* Mediapart : *l'actrice Adèle Haenel dénonce l'emprise, les agressions sexuelles et les attouchements commis par le réalisateur Christophe Ruggia alors qu'elle était âgée de douze à quinze ans**.

Sa mère lève les yeux au ciel. « Mais qu'est-ce qu'elles ont toutes maintenant à nous emmerder pour une main posée sur la cuisse ? Moi, j'en ai pas fait tout un foin quand il m'a embrassée de force. »

« Il », c'est cet homme qui a voulu la violer quand elle avait seize ans. Une tentative de viol qu'elle a racontée pour la première fois il y a peu de temps, mais qu'elle ne qualifie pas ainsi. Pour elle, c'est un « gros vicelard », un « porc », mais « il n'a pas vraiment tenté de [la] violer, il a juste insisté pour coucher avec [elle] ». À l'époque, elle rêve d'une carrière dans le cinéma. Lui est un cinéaste reconnu d'une cinquantaine d'années. Il la repère et lui propose de passer un casting. Une fois sur place, le réalisateur lui demande de se mettre nue dans un lit, pour voir si elle est à l'aise avec les scènes de sexe. D'ailleurs, l'a-t-elle déjà fait ? Peut-elle lui raconter ?

Sa carrière dans le cinéma s'arrête là, à ce moment où elle refuse de céder à cet homme. À la place, elle élève trois enfants. Bien sûr, d'autres femmes ont témoigné qu'il

---

*Article de Marine Turchi paru dans *Mediapart* le 3 novembre 2019, « #MeToo dans le cinéma : l'actrice Adèle Haenel brise un nouveau tabou ».

n'était pas si simple de refuser, surtout quand on est une enfant, que l'on est sous emprise, que l'on est seule. D'autant moins simple quand personne ne veut entendre ni même croire ce que l'on dénonce et écrit noir sur blanc : ces violences projetées sur nos écrans de cinéma, et parfois même célébrées dans nos magazines*.

Une question nous obsède. Pourquoi les femmes victimes de la violence patriarcale ne se reconnaissent-elles pas toutes dans le mouvement #MeToo ? Pourquoi la libération de la parole des unes est-elle parfois douloureuse pour celles qui n'ont pas encore pu parler ? De l'autre côté des écrans de télé, des postes de radio, comment ces femmes silencieuses observent-elles ces témoignages qui bousculent ce qu'elles ont construit tout au long de leur vie, qui semblent leur crier qu'elles ont mal fait, trop toléré, qu'elles ne se sont pas assez battues ?

Une injonction semble en remplacer une autre. L'injonction à être une bonne féministe remplace celle, millénaire, à être une mère, une épouse, une ménagère exemplaires, une fille docile et une femme bien mise.

#MeToo a d'abord été qualifié de mouvement de libération de la parole des femmes. Mais qui libère la parole de qui ? Jusqu'à maintenant, où était-elle contenue ?

---

*Lire la lettre de Judith Godrèche à sa fille publiée dans *Le Monde*, le 7 février 2024 : « Je sais, il se fait tard, mais je viens de comprendre. Ce truc – le consentement – je ne l'ai jamais donné. Non. Jamais au grand jamais. »

Ces femmes parlaient-elles dans le vide ? À un mur ? Qui a accès à la libération de la parole ?

Ensuite, cette expression « libération de la parole des femmes » a été réfutée. Ce serait rendre les victimes coupables d'un silence qui aurait trop duré. Or les femmes ont toujours parlé. Simplement, la violence patriarcale était jusqu'alors le secret le mieux gardé au monde.

Si les plaintes déposées sont refusées, si les mains courantes sont trop couramment classées, si les familles ferment portes, yeux et oreilles sur l'inceste commis dans le foyer, si les médecins ne sont pas formés à reconnaître les violences, si les supérieur.e.s hiérarchiques préfèrent se débarrasser d'une victime gênante plutôt que sanctionner les agresseurs, alors, nous apprenons à minimiser les souffrances et à hiérarchiser les violences.

Notre problème n'est donc pas de parler, mais bien d'être écoutées. D'avoir un espace et un temps pour le faire. Notre problème, c'est d'avoir intégré que ces histoires devaient rester entre nous, au risque de les voir se retourner contre nous. Notre problème, c'est d'avoir pensé qu'il s'agissait d'histoires personnelles et intimes, car, dès lors, elles ne peuvent faire système.

Pour nous, #MeToo est une révolution. Pourtant, quand nous en parlons à nos mères, nos grands-mères, nos sœurs, nos amies d'enfance : certaines n'en ont jamais entendu parler, d'autres ne se sentent pas concernées. Parfois même, elles s'y opposent. Pour elles, ce n'est pas leur combat. Le *manterrupting, le mansplaining*, ça ne leur parle pas. Ces cases, ces néologismes, elles ne s'y reconnaissent pas. Le consentement dans le lit conjugal, les violences gynécologiques, le harcèlement de rue : ce ne sont pas leurs affaires. Trop loin d'elles, de leurs préoccupations quotidiennes. Sans parler de Hollywood, des Césars et de Cannes. Elles, elles estiment avoir connu pire loin des caméras et des paillettes. Alors elles relativisent les drames, les inégalités, les violences. De quoi se plaignent ces femmes ? De quoi nous plaignons-nous ?

Leurs résistances nous interrogent, surtout quand nous connaissons leurs histoires personnelles. Des histoires d'empêchement, des histoires de violence, des enfances abîmées, des mariages malheureux, des carrières avortées et des avortements impossibles. Nous, féministes dans les médias, que sommes-nous en train de manquer ?

#MeToo est comme une gigantesque affirmation mais aussi un grand point d'interrogation adressé à nous, femmes et hommes, victimes et agresseurs. Est-ce que vous aussi… ?

Mais si personne ne pose la question à toutes ces femmes, comment obtenir des réponses ? Et quand bien même elles auraient envie de parler, si personne n'est là pour recueillir cette parole, où ira-t-elle ? Peut-être que celles qui ne soutiennent pas #MeToo en veulent avant tout aux autres d'avoir été écoutées…

Espace-temps public

C'est ainsi que naît notre projet collectif pour France Culture : *Laisse parler les femmes*. Avec cette série documentaire pour la radio, nous voulons faire entendre les bruissements de l'émancipation féminine. Nous partons donc à la rencontre d'une centaine de femmes de toutes les classes sociales, de tous les milieux, de tous les âges, dans des espaces de la vie quotidienne représentatifs des particularités de la vie féminine, de la naissance à la vieillesse, du matin au soir.

Un bar à Montélimar, un salon de coiffure en Côte-d'Or, une plage dans le Var, un service de maternité dans les Hauts-de-Seine, une place de marché dans le Pas-de-Calais, un foyer pour personnes âgées en banlieue de Rennes, un square parisien et un collège en Haute-Savoie…

Des femmes ordinaires, dont on entend ordinairement peu parler. Nous sommes en mars 2020. Le temps se suspend : le pays est confiné et seuls les travailleurs de première ligne poursuivent leur activité. Ces travailleurs sont en fait en majorité des travailleuses : aides-soignantes et infirmières bien sûr, caissières, vendeuses dans des commerces dits essentiels. C'est justement à elles que nous pensions, avant les casseroles et les hommages au balcon. Une période bien noire pour faire la lumière sur celles sans qui le quotidien serait impossible.

Ainsi nous inversons la démarche journalistique traditionnelle, nous ne cherchons rien ni personne, nous n'avons pas de sujet, pas d'angle, pas d'actualité précise à laquelle nous raccrocher. Nous ne cherchons pas de « personnage » comme on dit dans les médias, nous ne cherchons pas l'extraordinaire, nous ne répondons pas à une problématique. Nous cherchons à entrer dans la vie des gens, à rendre compte de la manière dont les inégalités peuvent affecter leurs choix, leurs trajectoires, à travers les gestes et les interactions du quotidien.

Nous cherchons à recréer un espace de service public qui rende compte de la manière dont toutes les femmes vivent le mouvement #MeToo, hétérosexuelles et lesbiennes, blanches et racisées, cis et trans, valides et en situation de handicap, pauvres et riches, vieilles et jeunes, celles qui se disent féministes et les autres. Nous voulons traverser cette vision binaire de la société, croiser les quotidiens, les paroles, les difficultés, au-delà des conflits de classes, des fractures territoriales et des ruptures générationnelles. Bien sûr les inégalités ne sont pas partout les mêmes, mais qu'ont-elles en commun ?

Notre premier tournage, comme on dit aussi à la radio, se passe à Montreuil-sur-Mer, nous y rencontrons Laurence, cordonnière, que les clients appellent encore « le cordonnier ». Pour briser la glace, nous échangeons d'abord sur ses difficultés de commerçante : réussir à vendre des chaussures alors que tout le monde achète sur Internet, puis nous revenons sur l'intention de notre projet, parler aux femmes, laisser parler les femmes. Nous nous sommes donné comme cadre de ne jamais poser de questions sur l'orientation politique de nos interlocuteur.ice.s, ni de leur demander si elles et ils sont féministes. Mais comme beaucoup pendant les tournages, Laurence embraye d'elle-même sur les mouvements féministes actuels. Comme presque toutes, elle dit que c'est bien, mais que c'est parfois trop violent, trop extrême, trop radical, à l'instar de « celles qui se mettent seins nus » : ça la choque. Elle voit des images à la télévision « de femmes énervées qui manifestent », elle n'adhère pas trop.

Quand on lui suggère qu'il est peut-être nécessaire de défendre nos droits, elle acquiesce, puis rétorque : « Bien sûr, moi, je l'ai toujours fait et toujours dit, mais le féminisme, j'y crois pas. Quand on n'est pas d'accord, on se lève et on s'en va. » Elle répète plusieurs fois cette dernière phrase, sans saisir qu'elle reprend presque mot pour mot la phrase de la romancière féministe Virginie Despentes après que l'actrice Adèle Haenel s'est levée à la cérémonie des Césars et élevée contre le prix du meilleur réalisateur attribué à Roman Polanski, quelques mois auparavant, en février 2020. « On se lève et on se casse »!

À nouveau le même malentendu chez les malentendues, les malécoutées. Mais peu à peu, sous nos oreilles, au fil des reportages, une toile se tisse entre elles et nous, entre toutes ces histoires, ces témoignages de femmes qui se répondent sans se connaître. Sandrine et Isabelle, les coiffeuses de Côte-d'Or, Janine et Geneviève, résidentes d'un foyer pour personnes âgées, Maddie, pompière à Bormes-les-Mimosas, Jasmine et ses amies, collégiennes en Haute-Savoie, Candice, sage-femme…

Elles sont tantôt au travail, tantôt avec des ami.e.s. Là pour elles-mêmes, ou leur famille… On les dit habitantes des régions ou citadines. Elles se connaissent parfois, ou se croisent seulement. Et, à l'intersection de leurs récits, nous percevons le bruissement d'une émancipation.

Et puis il y a nous. Celle qui a eu un enfant, une fille « à [son] grand soulagement », celle qui a avorté, celle qui a pensé à la maternité ou celle qui y a « très certainement » renoncé. Celles qui ont enterré les secrets des grands-mères, renoncé à faire parler leur père, leur grand-père, à demander des comptes. Celle qui voit sa mère trimer à l'hôpital où il y a toujours moins de personnel et observe le corps qui l'a mise au monde s'abîmer à mesure que l'âge de partir à la retraite s'éloigne. Celle qui a entendu sa mère confier les violences psychologiques et physiques de son compagnon.

Fais parler les hommes

Un an après avoir *laissé parler les femmes*, nous décidons d'aller voir de l'autre côté des inégalités : qui sont les frères, les maris, les pères, les fils des femmes que nous avons rencontrées ? Que disent les hommes quand ils parlent de sentiments, de doutes et de douleurs ? Comment vivent-ils les injonctions à la puissance, au pouvoir et à la réussite ? Qu'est-ce qu'il se passe quand ils sont entre eux ? Qu'est-ce qu'ils abandonnent ? Comment se débrouillent-ils dans ce monde en recomposition ? Sont-ils prêts à changer et en ont-ils tout simplement envie ? Réinterrogent-ils leur place dans le monde, leur rôle à jouer dans la révolution en cours ? Que trouve-t-on sous leurs silences ? Comment et où naît la violence ? Qu'est-ce qu'on libère quand on libère cette parole ?

Nous voulons sonder leurs mots, au-delà des postures, des bras de fer et des blagues qui n'en sont pas. C'est un saut dans le vide. Autant nous étions convaincues du bien-fondé de notre démarche de laisser parler les femmes, autant nous nous demandons si ce n'est pas trop tôt pour faire parler les hommes, alors qu'ils continuent de monopoliser le temps de parole médiatique, politique, culturel. Devons-nous leur offrir un nouvel espace de parole, un endroit où ils pourraient se justifier, s'apitoyer ?

Mais s'il y a ceux qui parlent fort, partout, tout le temps, il y a aussi ceux qu'on entend moins… Les oubliés, les écrasés et les perdants de la masculinité. Qui est prêt à les entendre ?

Nous avons rencontré des « gros durs », ces hommes qui « osent tout », ceux qui n'ont pas les mots, parfois les cherchent, comme nous les avons nous-mêmes cherchés.

Il y a eu Maurice, retraité à Épinal, Mohamed, stagiaire dans une banque à La Défense, Quentin, sans emploi et sans domicile, Christophe, cadre dirigeant dans une société informatique, Yves, infirmier… Il y a eu des silences, des rires gênés, des pleurs, des propos déplacés, des raclements de gorge, des questions sans réponse, de l'impatience. Mais aussi, entre les lignes, les murmures du changement et l'émergence de nouveaux désirs.

Comment taire et documentaire

À quatre voix et quatre micros, accompagnées de la réalisatrice Annabelle Brouard (pour *Laisse parler les femmes*) et du réalisateur David Jacubowiez (pour *Fais parler les hommes*), nous avons tenté une nouvelle cartographie des inégalités de genre. Nous avons voulu délier, déplier, relier, replier. Nous avons défié les mauvais regards, les résistances. Nous nous sommes méfiées des confessions qui viennent trop vite.

Ce livre est donc le récit de deux ans à sillonner la France, à tendre le micro aux silences, aux hésitations, aux non-dits, aux injonctions intégrées de plus de trois cents femmes et hommes.

Mais il ne suffit pas d'ouvrir et de tendre son micro pour entendre. Après avoir recueilli tous ces témoignages, nous réalisons que les récits de violences intrafamiliales, d'agressions sexuelles, d'inceste sont très rares et, de toute évidence, bien en dessous des statistiques sur les violences sexistes et sexuelles.

Il faut beaucoup entendre pour entendre. Ce n'est parfois qu'à la réécoute, un ou deux ans plus tard, que nous entendons sous un silence, une hésitation, l'existence d'une potentielle violence à laquelle nous n'avons pas pu ou su réagir sur le moment. Mais ce n'est pas qu'une question de formation, d'écoute et d'expérience. Nous ne pouvons pas entrer dans la vie des gens sans frapper, prendre leur parole, ressortir quelques heures ou quelques jours plus tard, en croyant avoir tout compris, en ayant tout bousculé. Nous ne pouvons pas simplement attendre qu'elles et ils nous donnent leur parole et ne rien leur rendre. Il y a quelque chose de sacré dans le fait de donner sa parole, de livrer sa vie comme jamais. C'est une responsabilité qui nous engage.

Alors nous aussi auprès d'elles, nous avons raconté et témoigné hors micro. Nous avons participé à cette toile qui se tisse, et qui s'écrit ici en creux, dans ce livre, à travers leurs histoires. Comme le dit l'écrivaine et journaliste biélorusse Svetlana Alexievitch, qui a passé sa vie à recueillir et à écrire la vie des autres, dans *La guerre n'a pas un visage de femme* : « Les documents sont des êtres vivants, ils changent en même temps que nous, on peut en tirer sans fin quelque chose. Sans fin quelque chose de nouveau. Ceux qui racontent ne sont pas seulement des témoins – ils sont rien moins que des témoins –, mais des acteurs et des créateurs. Il est impossible de s'approcher directement de la réalité, front contre front. Ce sont nos sentiments qui s'interposent entre la réalité et nous […]. Je poserais sûrement aujourd'hui beaucoup d'autres questions et j'entendrais bien d'autres réponses […]. Les documents ne meurent pas, ne restent pas figés une fois pour toutes sous une forme donnée, dans les mêmes termes, ils bougent. Nous sommes capables de puiser sans fin dans la matière neuve au fond des mots, au fond de nous-mêmes*. »

Il nous aura fallu deux ans de reportage, puis deux ans à réécouter tous ces témoignages, à puiser au fond de leurs mots et au fond de nous-mêmes, pour saisir, en partie, ce qui est trop souvent tu. Il faut beaucoup entendre pour entendre. Il faut beaucoup écouter pour entendre.

---

*Traduit du russe par Galia Ackerman et Paul Lequesne, Presses de la Renaissance, 2004.

CHAPITRE 1

« À l'époque »

Résidence d'Automne, *à Cesson-Sévigné (Ille-et-Vilaine)*

« Belote ! » Janine regarde sa voisine de droite d'un air sceptique. « Belote ? Pas possible, parce que j'ai le roi ! » Les joueuses de cartes comptent les points : 96 pour les unes, 76 pour les autres. Des chiffres qui sont aussi ceux de leurs âges. Elles sont nées dans les années 1930, plus ou moins comme Simone Veil ou Delphine Seyrig. Pourtant ce ne sont pas des histoires de chiffres mais de droits qu'elles ont à nous raconter : celui de disposer de leur compte en banque, de leur vote, de leur cœur, de leur cul, de leur vie... L'histoire de la lutte de nos aînées avec laquelle nous aurions préféré nous endormir à la place des contes des grands méchants loups et de belles-mères diaboliques.

Nous nous installons à la bien nommée *résidence d'Automne* pour rencontrer Janine, Thérèse, Marie-Claire... Ceux, ou plutôt celles – la plupart sont des résidentes – qui habitent le foyer logement sont encore autonomes. Une résidente de cent deux ans pousse même son corps frêle le long des couloirs à l'aide de son déambulateur. C'est bien souvent l'étape avant l'Ehpad.

Nous venons les faire parler de ce que nos grands-mères ne nous ont pas raconté. La vie des femmes avant ce que nous appelons aujourd'hui « l'égalité ». Nous sommes là pour rencontrer des témoins. Car les nôtres, de grands-mères, nos témoins, n'ont rien dit. Pas à nous en tout cas. Aux autres peut-être, mais à qui d'ailleurs? À leurs sœurs, à leurs amies? Ont-elles fait porter leurs voix dans la rue, les assemblées? Nous en doutons. Au printemps 1968, la trentaine passée, elles étaient déjà plusieurs fois mères, et le linge n'attendait pas.

Leur avons-nous seulement posé des questions? Le silence, le nôtre, le leur, par pudeur mais aussi pour ne pas les blesser. Des souvenirs de paroles non échangées nous reviennent. *Question pour un champion* en bruit de fond. Julien Lepers qui ne pose pas non plus les bonnes questions, celles dont tout le monde devrait connaître les réponses.

Et nous voilà tentant de rattraper le coup avec les grands-mères des autres, pour installer enfin une filiation. On pourrait appeler ça de la sororité.

À la table des vieilles, les cartes se posent et s'échangent à toute vitesse : nous avons affaire à des pros. Une fois la partie terminée, nous faisons signe à Janine. On ne peut pas dire que Janine ait été la grande gagnante de l'égalité des droits, mais côté belote, pas de doute, c'est la meilleure. Sa fille Marie nous rejoint, elle rend visite à sa mère toutes les semaines. « Maman est douée à la belote, plus que ses partenaires. Enfin, moi je répète ce qu'elle me dit! » Janine esquisse un sourire juvénile.

Dans son studio, nous posons notre matériel sur une table ronde recouverte d'une toile cirée fleurie. Son intérieur est impeccable. Elle nous accueille avec du thé et d'intemporels petits-beurre, notre madeleine de Proust à nous.

Janine a quatre-vingt-douze ans, des yeux clairs, un regard perçant et plein de malice. Elle porte une robe à motifs rouge orange et un discret collier de perles. Janine aime les couleurs. « Souvent je pense à ma grand-mère que j'ai toujours connue habillée en noir et coiffée d'un chignon. C'était une femme triste, qui avait été veuve assez jeune et avait perdu son seul fils pendant la guerre de 14-18. »

Nous songeons à nos grands-mères. L'une avait toujours son impeccable permanente laquée quand elle allait s'occuper de ses vaches. L'autre n'oubliait jamais de demander qu'on lui achète de nouveaux soutiens-gorges, même lorsque Alzheimer a commencé à altérer sa mémoire.

Janine aussi est coquette. Lors des grandes occasions, elle porte une perruque pour étoffer sa chevelure clairsemée, héritage d'une chimiothérapie pour un cancer du sein. « Mais vous êtes tombée sur quelqu'un qui ne voit pas les choses au pire. » Ça s'entend.

Janine a manifesté une fois, croit-elle se rappeler. Mais pourquoi ? Impossible de s'en souvenir. Sa voix, elle a préféré l'utiliser pour chanter, du soir au matin. Le plus souvent seule chez elle, aspirateur à la main et mots de Gilbert Bécaud à la bouche dans « La solitude ça n'existe pas ».

> *Chez moi, il n'y a plus que moi/Et pourtant ça ne me fait pas peur/la radio, la télé sont là/pour me donner le temps et l'heure* [...]*

Les percussions en cavalcade du poste pour l'accompagner. « Parce que, même avec mon mari, je me sentais seule des fois ! » reconnaît-elle en riant. Chanter pour sortir de soi, pour montrer qu'on est là.

Janine aurait pu avoir une carrière de chanteuse, ou entrer au conservatoire. Son professeur de piano et de chant la préparait au concours. Mais à dix-neuf ans, elle a « préféré se marier », puis elle est tombée enceinte. Ce sont ses mots. Nous ne savons pas si c'est ce qu'elle préférait, c'est en tout cas ce qu'a choisi son mari : « Il n'a pas voulu d'une femme qui travaille, il la voulait à la maison. C'était peut-être une forme d'égoïsme de sa part… » Sa voix a été contenue entre quatre murs, dans l'intimité du foyer. Des chansons pour endormir les enfants, peut-être parfois un public d'amis à qui chanter *C'est ma chanson* de Petula Clark.

Janine était femme au foyer, comme la plupart des femmes à la sortie de la guerre. Bonne épouse, elle a encouragé son mari à poursuivre des études supérieures, un soutien unilatéral. Alors parfois le soir, dans son lit, Janine sent poindre la sensation des regrets. « Quand je vois Line Renaud, je me dis que j'aurais bien su faire comme elle, et peut-être même mieux ! » dit-elle dans une nouvelle crise de rire. S'ajoute parfois un sentiment d'infériorité nourri au contact de retraitées qui aiment convoquer de vieux souvenirs de travail. Mais Janine balaie bien rapidement ces pensées, se rappelant la

---

* Gilbert Bécaud, *La solitude, ça n'existe pas*, 1970.

joie qu'elle a éprouvée en élevant ses enfants. « J'ai aussi beaucoup de qualités. Après tout, je suis comme je suis ! »

Marie, sa fille, appuyant jusqu'ici avec admiration les propos de sa mère, réagit. Ces complexes, ça lui parle. Elle a travaillé par intermittence comme secrétaire dans des cabinets d'architecte ou d'ophtalmologue, mais s'est surtout occupée de ses deux fils. Un choix ? Un non-choix ? Elle s'est convaincue qu'elle est devenue mère au foyer en partie parce qu'elle était paresseuse et n'aimait pas l'école. Les mères au foyer, fainéantes et oisives... Ces jugements qui invisibilisent le travail accompli dans l'intimité lui sont peut-être parvenus aux oreilles. Pourtant, quand on élève des enfants, la paresse est rarement au programme. « J'aurais pu faire plus, mais est-ce que ça m'aurait apporté davantage dans la vie ? J'ai élevé mes enfants et, comme dit mon mari, c'est le plus important. »

Marie accorde aujourd'hui sa voix à celle de sa mère au sein de la chorale du foyer logement, dans une harmonie filiale et maternelle. Les deux femmes, que seulement vingt années séparent, sont complices. Marie sait presque tout de sa mère, elle ponctue ses phrases, complète ses anecdotes. Mais ont-elles parlé de tout ? Avec sa fille, Janine a toujours laissé place à la discussion, ce que sa mère n'avait pas fait pour elle.

Alors quand Marie est tombée enceinte avant d'être mariée, Janine a été la première à le savoir. « J'ai sûrement été compréhensive parce que ça aurait pu m'arriver aussi ! » Comme des milliards de femmes avant elle, Janine a eu peur après presque chaque rapport sexuel. Peur de ne pas voir le sang couler le mois suivant. Marie a sans doute partagé la crainte de sa mère pendant sa jeunesse : elle avait vingt ans en 1967 quand la pilule a été légalisée en France, sur prescription d'un médecin. Comme des milliards de femmes, elles ont usé de moyens douteux, transmis par d'autres femmes qui avaient peur : « Quand j'avais du retard dans mes règles, je prenais des bains de pieds, un remède de grand-mère à l'époque, c'est de la frime, ridicule ! » Janine en rit aujourd'hui.

Et l'avortement, c'était envisageable ? Janine a des problèmes d'audition, nous devons souvent répéter nos questions, mais là, elle a très bien entendu. Marie insiste : « Tu ne l'as pas envisagé, si ? » La nonagénaire, jusqu'ici si sûre d'elle, marmonne, hésitante. « Non… euh… Enfin, si, je l'ai fait une fois, ça… Je croyais que tu le savais. » Marie reste silencieuse.

C'était dix ans avant la légalisation de l'IVG en France, Janine vivait à Pointe-Noire en République démocratique du Congo où son mari avait été muté. Trente-six ans, trois enfants, elle n'a pas hésité longtemps. Son mari l'a accompagnée chez le médecin, personne d'autre ne l'a su.

Janine, Marie et nos mamies ont-elles lu, en 1971, le Manifeste des 343, du nombre de celles qui ont signé la pétition dans laquelle elles énonçaient « Je me suis fait avorter » ?

L'aurions-nous su, si nos grands-mères avaient avorté ? En avaient-elles la possibilité ?

Sans tissu noir sur les épaules, sans deuil à mener, nos grands-mères ont malgré tout porté une tristesse que nous percevons seulement aujourd'hui à travers le filtre de nos souvenirs. Ces désespoirs, nous essayons de les comprendre et de les reconstituer en questionnant nos mères et d'autres femmes. Subir des grossesses multiples sans pouvoir rien y faire, sans contact avec un médecin avorteur, sans argent, ou parce que leur dieu n'était pas d'accord… Avoir trop d'enfants, une vie que l'on n'a pas rêvée. C'est peut-être ça qui en a plongé certaines dans le noir.

Marie, engourdie, sort de sa torpeur. « Je suis passée à côté de ça. » Janine avait encore des choses à dire à sa fille.

Apprendre à dire non

Une voiture se gare sur le parking de la résidence. Marie-Claire, jeune senior de soixante-douze ans, s'extirpe de son auto. Tous les après-midi, elle part au volant de sa voiture et arpente les routes de campagne. Quels paysages l'émeuvent ? Quelle musique écoute-t-elle ? Que cherche-t-elle ? Marie-Claire n'a jamais eu de mari, personne pour lui confisquer le volant en critiquant sa manière de faire des créneaux. Pas d'enfant à conduire à l'école. La route pour elle seule : « Je me suis toujours bien plu toute seule. C'était mon choix de ne pas me marier, j'avais envie de me libérer, de m'évader, de faire des voyages et d'apporter de l'aide aux autres… » Le besoin de liberté l'a peut-être contrainte à faire une croix sur le couple. À moins que ce ne soit tout simplement des garçons que vienne le problème. Marie-Claire a bien pensé à l'adoption sans jamais aller jusqu'au bout, faute de moyens. « Mais je me dis que c'est peut-être moi la plus heureuse aujourd'hui. Je n'ai pas de soucis au sujet des enfants, je n'ai des soucis que pour moi. »

En vérité Marie-Claire n'a jamais été seule. Elle a toujours eu quelqu'un sur qui veiller, des soucis à se faire pour les autres. À quinze ans, elle quitte sa famille pour en rejoindre une autre. Sans argent pour faire des études, elle travaille comme employée de maison chez un couple. Elle y restera toute sa carrière. « Employée de maison » pour femme de ménage, jardinière, infirmière, maçonne, électricienne, peintre : « Je faisais tout ce qu'on me demandait, mon travail me plaisait vraiment. » Même s'occuper de la grand-mère de la famille au moment de son dernier souffle. Une fois à la retraite, une autre charge l'attend. Elle prend soin de sa mère malade avant de flancher elle-même. Elle nous parle de déprime pour ne pas dire dépression, puis d'une opération au sein pour, imaginons-nous, ne pas dire cancer. « J'ai tout donné de mon corps, de mes forces. Je voulais que tout soit bien fait, mais j'ai trop tiré sur la corde. » Alors à soixante-trois ans, sans personne pour s'occuper d'elle, Marie-Claire a préféré emménager dans la résidence.

Marie-Claire a tout d'une bonne sœur. Sœur, fille, mère, petite-fille… avec les autres résident.e.s, elle joue tous les rôles qu'on veut bien lui donner. Sans résistance, c'est plus fort qu'elle. Elle aime prendre soin des autres, c'est ce qui la définit. Marie-Claire s'est construit une liberté pour elle. Elle a fait comme elle pouvait, avec ses contradictions et ses contraintes, pour être heureuse.

Qui s'occupe de ces femmes qui ont passé leur vie à veiller sur les autres ? De celles qui, dans des gestes répétitifs à la limite de l'aliénation, en ont pris soin pour un salaire médiocre, ou même gratuitement ? En se pliant en deux pour ramasser un jouet. En levant vingt malades dans la journée. En servant à leur époux des repas adaptés à leur régime sans sel. En relevant le courrier de la vieille voisine qui ne peut plus se déplacer. Courber le dos, toujours. Faire abstraction de la douleur et des humiliations. Qui prend soin de celles qui partent à la retraite toutes cassées ?

Ici, la réponse s'impose d'évidence. À la *résidence d'Automne*, l'ensemble du personnel est presque exclusivement féminin, la majeure partie des résident.e.s aussi et c'est la même chose pour les visiteurs. Un lieu quasi non mixte, des béguines malgré elles, liées pour certaines par la même histoire.

Parmi ces femmes, il y a une exception : c'est Philippe, l'animateur du foyer. Entre la chorale, l'art-thérapie, les excursions culturelles, lui aussi prend soin des vieilles. Ami, fils ou petit-fils, il est devenu le confident de beaucoup de résidentes. Il écoute leurs histoires quand les autres ne le font pas. Il est le refuge de toutes ces mémoires. C'est Philippe qui a soufflé à Marie-Claire qu'elle avait le droit de dire non ; un luxe qu'elle ne s'était jamais offert jusque-là. « Quand je suis arrivée à la résidence, je disais tout le temps oui pour aider une personne âgée. Quand je travaillais, c'était pareil, je disais oui à tout. Ici, j'ai appris à dire non. » Dire parfois non pour aider les autres, c'est accepter de s'occuper de soi. Marie-Claire, la liberté en bandoulière, a aujourd'hui accepté de « se laisser vivre ». Une nouvelle maison, une nouvelle famille qu'elle n'a plus à servir et qui est là pour elle.

Ces mots-là

« L'infirmière vient de passer, regardez tout ce que j'ai comme pansements ! » Thérèse se déplace difficilement dans son studio, appuyée sur son déambulateur. Elle se compare à une petite tortue avec sa nuque courbée et sa peau plissée. L'ancienne assistante maternelle de quatre-vingt-quatre ans aurait voulu être clown. Thérèse aime amuser la galerie, en particulier Gisèle, sa « personne attitrée » dans la résidence. « Plus qu'une copine, c'est une sœur pour moi. »

Les sœurs, Thérèse connaît. Elle a été élevée par des religieuses qui l'ont recueillie lorsqu'elle avait deux ans. Peu de rires dans ce nouveau foyer sans feu, surtout des coups, de torchon et de bâton. Une éducation à la dure pour ces orphelins et orphelines dont tout le monde se foutait et qui avaient perdu tous les privilèges de l'enfance quand leurs parents avaient arrêté de subvenir à leurs besoins.

Des enfants qui n'ont jamais pu dire « maman » mais qui ont été terrorisés par les mères, supérieures du fait de leur statut plus qu'en vertu de leurs qualités maternelles. Par les sœurs, qui n'avaient de bonnes que le surnom. La seule tendresse, trouvée dans une filiation de circonstances, tissée avec les camarades. Le cloître déjà, l'indifférence déjà. Des moniales, déjà.

De ce monde où le silence est évangile, Thérèse a hérité des secrets. Un plus gros que les autres dont elle arrive aujourd'hui à parler, sans toujours réussir à trouver les bons mots. Elle le dit comme ça : « J'ai... on ne va pas dire "été violée", mais j'ai subi des attouchements assez puissants. » Thérèse avait sept ans lorsque le père d'une religieuse a profité d'elle. Plusieurs fois. Une enfant, parmi tant d'autres, dont on abuse parce que aucun.e adulte ne sera là pour prendre sa défense, ni même l'écouter.

D'ailleurs Thérèse n'a pas réussi à en parler. La honte l'en a empêchée. « Ça me faisait un nœud. Je sentais bien qu'il y avait eu quelque chose de pas propre, que c'était un gros péché ce qu'on faisait. » Honte de cette chose, sans savoir ce que ça signifiait. Car, chez les bonnes sœurs, on ne parlait pas de *ces choses-là*. Elles apprenaient à Thérèse et à ses sœurs à ne pas regarder « par-là », à laver leur intimité en remontant leur chemise de nuit par-dessus la tête. Ça n'existait pas. Sans existence, pas de transgression. À part dans le ventre et le cœur des filles. Et puis, à qui aurait-elle pu parler ? Qui l'aurait écoutée ? Ses sœurs ont peut-être compris sans qu'elle ait de mots à dire.

Ce mot, celui qui fait peur à toutes les femmes, Thérèse n'a réussi à le prononcer devant ses filles que très tard. À la place, elle leur a conseillé dès leur enfance de « faire attention ». Que comprenaient-elles à cela ? Faire attention au loup, aux voitures, soit. Faire attention tout court, c'est déconcertant. Nous ne nous rappelons pas nos mères ou de nos grands-mères nous parlant de viol, mais nous gardons toutes en souvenir le sentiment de vulnérabilité transmis par les femmes autour de nous. Expressément ou à leur insu. Faire attention sans nous dire à qui, à quoi ni comment. Sinon, porter la responsabilité de ce qui pourrait arriver. Une vigilance permanente, c'est peut-être aussi ce que nous ont transmis nos aînées.

Plus de soixante-dix ans plus tard, le mot ne vient toujours pas facilement. Dans les journaux que lisait Thérèse, il y avait toujours quelque chose là-dessus. Au café, on parlait souvent « d'un gars qui a encore fait une bêtise ». « Ce mot de "bêtise" voulait tout dire : aussi bien voler que violer. » Le secret de Thérèse en est resté un pour son mari. Lui qui n'avait pas peur du mot « violer », mais qui le disait « sans jamais penser que ça arriverait chez lui, qu'on pourrait violer sa femme et ses enfants ». Dire un mot tout en niant sa réalité. Le décès de son mari a permis à Thérèse de se libérer du déni, de se dégager de la honte. D'accepter la réalité de ce mot. C'est son médecin qui l'a écoutée. Après ça, elle a pu le dire à tout le monde. « Maintenant, ça ne me fait plus rien d'en parler. » Même à ses filles, à Gisèle ou à nous.

Nous sommes surprises de la facilité avec laquelle ces femmes nous livrent en détail des pages entières de leur existence. Parfois il suffit de demander. Étonnées aussi par la précision de leurs souvenirs. Même quatre-vingts ans plus tard, l'enfance est toujours là avec ses bons et ses mauvais côtés.

Nous sortons prendre l'air. Depuis le banc à l'entrée de la résidence, nous apercevons la Vilaine qui ruisselle de l'autre côté de la route. Quelques kayaks traversent le paysage, des familles entrent et sortent, au son du frottement des portes coulissantes. Une dame pliée en deux se dirige vers l'entrée, pas à pas, centimètre par centimètre. Elle promène un petit toutou en peluche harnaché à son déambulateur. Dans le temps, elle avait quatre chiens. « Mais mes petites bêtes sont parties, on a dû les faire piquer. Une compagnie, c'est ça qui me manque. » Elle est sortie de la résidence qu'elle n'avait pas quittée depuis six mois pour aller acheter une rose à Gisèle. Une façon de la remercier pour les services de couture qu'elle lui rend. Aujourd'hui, Gisèle lui a arrangé une veste. « Elle est très serviable. Je voulais la remercier, c'est normal. »

Les barricades de Gisèle

Gisèle nous accueille avec une voix chevrotante, comme sortie d'un trop long silence. Nous sommes en retard, et c'est pourtant elle qui s'excuse. Interrompue en plein travail de couture, elle laisse son mètre ruban pendre à son cou. On pourrait croire qu'il a toujours été là. Pourtant, ça n'est pas du tissu que Gisèle a eu sous les doigts pendant quarante ans, mais un clavier. Après un CAP couture, faute de trouver un emploi, la jeune femme s'est résolue à s'orienter vers la sténodactylo. Un moyen pour les femmes des années 1950 de gagner leur croûte et leur indépendance par la même occasion. Mais un métier qu'elle pratiquera sans passion aucune, et même avec peine.

Ça, c'est de l'histoire ancienne. Gisèle nous montre une veste qu'elle est en train de raccommoder. On croit deviner celle de la dame aux chiens. Gisèle est devenue par la force des choses la couturière du foyer logement. « Ce ne sont pas des belles pièces mais je rends service en faisant mon métier. C'est une chance. » Son rêve, nous dit-elle, c'est de rendre les gens heureux.

Des plantes vertes et des armoires bretonnes – de celles en bois vernis qui occupent tout l'espace d'une pièce – décorent la chambre de Gisèle. « Je ne sais pas trop pourquoi vous êtes là. Il faut que je vous raconte ma vie ? » Sans qu'on le voie venir, elle nous retrace toute son histoire. Pas de question, pas de relance. Un flot de paroles, mis sous clé, qui n'attendait qu'une invitation pour s'exprimer. Le verbe de quelqu'une à qui on aurait trop peu posé de questions.

« Je vais vous raconter une chose qui va peut-être vous surprendre, mais j'ai fait la connaissance d'un résident ici. Il s'appelait Albert. » Par « faire connaissance », nous comprenons que Gisèle est pudiquement en train de parler d'amour. « À mon âge quand même, c'est risible, non ? » Même à quatre-vingt-cinq ans, Gisèle, craignant les moqueries et les ragots, ne s'est pas sentie libre d'aimer. Il faut dire qu'à son époque, les femmes en noir n'avaient plus le droit d'aimer, c'était péché. Les veuves faisaient l'objet de commérages si elles s'approchaient trop près d'un homme. Rester seule, pour l'éternité, faire le signe de croix et voir les veufs se remarier sans scrupule. La mémoire du mort autour du cou.

Des photos de ses petits-enfants recouvrent chaque mur de son studio. Mais pas d'image d'Albert. Gisèle a bien une photo de son amoureux mais elle préfère la cacher. Par peur des jugements mais aussi de la tristesse. Albert est décédé après deux ans d'idylle et Gisèle trouve aujourd'hui son studio bien trop grand, surtout le soir. Elle, si croyante jusqu'ici, se met à douter. « Depuis un mois, je me demande tout le temps : s'il y a un Dieu, pourquoi il nous fait souffrir comme ça ? Je suis bête, hein ? » Nos cœurs se serrent en écoutant cette femme douter de la légitimité de ses sentiments. Combien de fois lui a-t-on dit que ce qu'elle pensait n'avait pas de valeur ? Trop, sûrement. Quand ça n'était pas son mari qui la rabaissait, sa belle-mère prenait le relais. À la longue, elle a fini par croire qu'elle était une bonne à rien, une sotte qui ferait mieux de se taire. Alors Gisèle s'est faite toute petite, ses cordes vocales se sont atrophiées. « Je ne parlais pratiquement pas, je ne me mêlais pas des conversations, je ne parlais pas de mes sentiments, j'écoutais, puis voilà. »

Elle n'a pas parlé non plus quand son mari l'a frappée. Deux fois, nous dit-elle en regardant ses mains, même s'il y en a eu sans doute plus. « Tout le monde me croyait heureuse, je n'en parlais pas. J'avais honte parce qu'on me rabaissait tout le temps. » Améliorer le quotidien pour échapper à sa colère, ranger la chambre des enfants pour éviter les coups. Faire attention, constamment.

Pourtant, aujourd'hui, Gisèle est là, à nous transmettre ce qu'elle a vécu. « Vous voyez, je suis bien contente de raconter mon histoire à des jeunes. De toute façon, je parle seulement depuis que je suis ici. » Est-ce la vieillesse, le fait d'avoir échappé à son mari, d'être entre sœurs, ou l'amour d'Albert ? Toujours est-il que Gisèle ose aujourd'hui s'exprimer. Avec Thérèse, qui comprend mieux que quiconque les traces laissées par les coups et les humiliations. Avec Philippe, qui l'a encouragée à abandonner la camisole noire du deuil. Avec Janine et Marie, en compagnie de qui elle s'époumone à la chorale sur *Le temps des cerises*, après quarante ans passés sans même oser fredonner. Ça lui parle, cette histoire de barricades. « Si je pouvais, j'irais manifester, ça n'est pas possible de laisser les femmes se faire traiter comme ça! N'est-ce pas, mes petites filles?! »

« Mes petites filles »... Ces quelques mots nous prennent à la gorge. Nos grands-mères, nos mamies, nos mémés auraient peut-être aimé qu'on leur pose aussi des questions. Vannes fermées, confidences au bord des lèvres, jusqu'à la démence et jusqu'au tombeau. Nous ne saurons rien des joies et des malheurs qui ont marqué leurs existences, mais les mots des autres femmes porteront leurs mémoires.

CHAPITRE 2

Le ventre de la maternité

Hôpital franco-britannique de Levallois-Perret (Hauts-de-Seine)

Ce n'est pas n'importe où. Ça se passe dans une maternité privée, entre Neuilly-sur-Seine et Levallois-Perret, entre les première et troisième villes les plus riches de France.

Ce n'est pas n'importe quand. Ça se passe au fond des entrailles, en salle de travail. C'est là que naissent des mères et des enfants. Des mises-bas, tout bas.

Ce n'est pas n'importe qui. Ça se passe entre femmes. Des femmes accouchent d'autres femmes qui accouchent. C'est la même scène millénaire. Mammifère.

À la verticale, des blouses roses, bleues, blanches. À l'horizontale, des corps nus ouverts à la délivrance. Et à tous les étages, le temps dilaté. Ce sont les premières contractions, les premiers battements de cœur, ou l'aiguille de l'horloge biologique qui toujours tourne. Il y a celles qui ont passé le premier trimestre. Celles qui calculent leur cycle. Celles qui s'y sont prises à temps. Celles qui ont trop attendu. Celles qui ont traversé l'Europe. Celles qu'on appelle les nullipares mais qui sont bien là. Celles qui cherchent encore l'instinct maternel. Celles qui ont déjà le pied à l'étrier. Celles qui n'ont jamais coupé le cordon. Celles tout juste éventrées.

Et il y a nous, les femmes à vide.

Avides.

Nous n'avons pas trente ans lorsque nous entrons pour la première fois dans cette maternité. Jusqu'à présent, nous avions réussi à échapper à celles et ceux qui voulaient nous ramener à nos capacités reproductives, à nos horloges biologiques. Mais, au bout de cette année, la trentaine flotte comme une menace, et avec elle, le sentiment qu'il va falloir désormais nous positionner sur la question, et dégainer rapidement des arguments valables si nous ne voulons pas d'enfant : conditions économiques, situation professionnelle et conjugale, bilan technique de notre corps…

Nous n'avons pas trente ans mais déjà nous entendons ces injonctions.

Ils disent vos corps sont nos champs de bataille.

Ils disent déjà vos corps s'effondrent. Ils parlent de taux, de chutes et de réarmement démographique.

Ils disent vous êtes des animaux.

Ils disent vous ne le sentez pas, l'instinct ?

Ils disent à quoi ça sert de saigner tous les mois si vous n'êtes pas faites pour ça ?

Ils disent vous pensez que vous avez le temps mais.

Ils disent vous allez le regretter. On vous aura prévenues.

Google, lui, dit : « L'âge moyen du premier enfant en France est de 31 ans pour une femme. Pour les hommes, c'est en moyenne trois ans plus tard. » Google en rajoute : « La probabilité d'avoir un enfant est de 25 % par cycle à 25 ans, de 12 % par cycle à 35 ans, de seulement 6 % par cycle à 40 ans et de 0 % à 45 ans. C'est pourquoi il vaut mieux avoir des enfants entre 25 et 35 ans si l'on peut. »

Mais est-ce si simple ? Ça veut dire quoi « si on peut » ? Et si on veut ? Est-ce qu'on a vraiment le choix ? Comment on fait pour se décider ? Est-ce que l'instinct peut se tromper ?

Et elles, elles disent quoi ?

C'est donc intriguées et sur nos gardes que nous entrons pour la première fois dans l'antre de celles qui ont déjà choisi leur camp.

Qu'est-ce qu'on trouve dans leur ventre ?

Mater dolorosa

« La docteure Hurel va vous recevoir dans un instant. Vous pouvez patienter ici. » Tout est ouaté, poudré, pastel, à l'accueil de la maternité. Le bouquet de lys, le sourire de l'hôtesse, les blouses des soignantes, charlottes et chaussons, petites guimauves dont seules les nuances indiquent le statut de chacune : sage-femme, infirmière, aide-soignante, agente de service hospitalier.

Entre les portes battantes, des femmes souvent seules vont et viennent, échographies et « projet de naissance » sous le bras. En salle d'attente, d'autres femmes patientent.

Toutes ces futures mères sont les mêmes : blanches, minces, la petite trentaine. Elles portent la même inquiétude et la même hâte sur le visage, mais aussi les mêmes prénoms, les mêmes alliances, les mêmes jeans, les mêmes ballerines.

Caroline Hurel, cheffe du service de gynécologie de l'hôpital, nous propose une visite des lieux avant de rejoindre son bureau. Au sous-sol, des sages-femmes fabriquent dans le plus grand secret des naissances, sans fenêtre au mur. Pièces occultées et pratiques occultes, elles agissent comme les sorcières qu'elles ont toujours été. Au premier étage : de nouvelles mères allaitent leur nourrisson, des aides-soignantes montrent les gestes du premier bain.

Blouse blanche ouverte sur une minijupe en cuir noir, collants voile sur des jambes fuselées, Caroline s'assoit derrière son bureau et sort le stylo qui recouvrait l'étiquette sur sa poche. Son autorité douce, progressive, insidieuse, trompe nos sens et trouble la situation. L'espace d'un instant, nous sommes prêtes à nous déshabiller, à nous allonger, les pieds dans les étriers. Trop habituées. Trop mal habituées.

C'est lors d'un stage dans un Samu qu'elle a su que ce serait sa vie : sauver des mères et des bébés. Pratiquer une césarienne en extrême urgence a agi comme une « révélation » : c'est « le summum de l'utilité ». Jusque-là, la gynécologie, elle trouvait ça « presque dégueulasse ».

Ensuite, cette première expérience a comme déformé sa vision du métier : lorsque les grossesses de ses patientes se passaient bien, qu'elles n'étaient pas pathologiques, la gynécologue avait parfois tendance à relativiser les douleurs des patientes.

Puis à son tour, elle est devenue mère, à trente-cinq ans. La douleur : elle avait beau l'avoir étudiée, longuement observée, en comprendre les origines, elle ne l'avait pas éprouvée dans sa chair, elle ne courait pas dans ses viscères. La douleur est peut-être la seule chose qui ne se partage pas. C'est bien là le drame du patient, et *a fortiori*, de la patiente, car les femmes sont toujours soupçonnées d'exagérer leurs symptômes et leurs souffrances – davantage que les hommes. Leur « hystérie » parle à leur place, qu'elles nous « emmerdent » avec leurs règles douloureuses ou bien qu'elles enfantent comme si elles étaient les premières à le faire.

« On parle toujours des petits maux de la grossesse, mais une fois que je les ai vécus, je me suis dit que ce n'était pas rien ces nausées, le reflux, la sciatique. C'est pas parce qu'on ne vit pas une situation dramatique qu'on doit minimiser la douleur. Ça a changé ma vision de la femme enceinte. » On se demande alors comment font les hommes médecins, en l'absence d'utérus, pour changer leur vision de la femme enceinte.

Caroline a grandi dans une famille où les femmes ne se plaignaient pas, et surtout pas des « problèmes de femmes ». Sa mère lui a toujours dit que sa grossesse avait été le meilleur moment de sa vie et elle considérait son médecin accoucheur comme « un dieu vivant ». C'est ironique car elle avait accouché dans une maternité qui a dû fermer depuis, en raison de ses défauts de prise en charge. « Il faut arrêter d'idéaliser la grossesse. Moi, j'ai trouvé ça vraiment dur. Je n'ai pas aimé du tout. Loin de là. »

Nous repensons à nos mères qui nous ont raconté les mêmes légendes. Des légendes sans gerçures, sans déchirures, sans blessures. Sans forceps, sans épisiotomie, sans point du mari.

Ces derniers temps, les témoignages affluent sur le regret d'être mère, de femmes qui ne pensaient pas que ce serait si difficile, qui disent ne pas avoir été prévenues. Qu'est-ce qu'on ne se transmet pas ? Qu'est-ce qu'on se cache, et pourquoi ?

La maternité est une microsociété matrilinéaire au cœur d'une société fabriquée par et pour des hommes, racontée par et pour des hommes. Pour conserver cette petite part du territoire, est-il nécessaire que nous nous mentions les unes aux autres ? Est-ce qu'on ne prendrait pas les mêmes décisions si on se racontait la vérité ? Pour continuer de faire des enfants, doit-on continuer de s'infantiliser ?

« Je pense que ma mère n'a jamais compris que je puisse me plaindre alors que j'allais mettre au monde un enfant. On restera sur une incompréhension. »

Pour la docteure Hurel, le plus gros tabou de la grossesse, c'est ce qu'il se passe juste après la naissance, sur « son corps à soi et sur sa vie ». « Il y a cette pression sociale. Les gens viennent te voir et trouvent ça génial. Tu ne peux rien dire car ils attendent de toi que tu sois dans la béatitude. » Heureusement qu'elle avait alors autour d'elle ses consœurs elles-mêmes mères, pour parler de ses fuites urinaires et de ses seins qu'elle ne reconnaissait plus.

Pour autant, Caroline ne se verrait pas raconter cette vérité à ses filles. « Finalement, quel est l'intérêt de le savoir ? De le dire ? Je ne sais pas. Je ne me vois pas dire à mes filles plus tard, quand elles auront dix-huit ans, ma chérie, tu vois ton beau petit corps, eh ben, une fois que tu auras eu des enfants, ce sera fini, tout ça. »

Choisir de ne pas choisir

« Je marche comme un pingouin et, désolée pour ma tenue, ça fait six mois que je vis avec le même legging. Il est passé où, le glamour de la maternité ? Elle est où la transcendance de la femme enceinte ? » Daphnée s'assoit en tailleur par terre et dépose son ventre de sept mois sur ses cuisses. Une chevelure frisée entoure son visage, elle est ronde, rieuse. « L'avantage, c'est que je pense qu'il ne pourra pas grossir plus que ça, sinon j'explose. »

La jeune femme de trente-cinq ans n'a jamais su si elle voulait vraiment être mère. Mais avec les années elle sentait la pression augmenter, d'autant que ses frères et sœurs plus jeunes étaient déjà parents. Célibataire endurcie, elle ressentait comme un « loupé » dans sa vie, auquel elle commençait tout juste à s'habituer, lorsqu'elle a rencontré son copain, lui-même déjà père. Ils évoquent la question des enfants mais sans jamais se promettre d'en faire ensemble. « On parlait du fait que peut-être je n'en aurais jamais. »

C'est lors de leurs premières vacances ensemble qu'elle réalise qu'elle est enceinte. « C'était un accident. On jouait avec le feu. Je n'avais pas de contraceptif. » Devant le test de grossesse positif, Daphnée s'effondre en larmes : « C'était le trou noir. Ça me terrifiait. Quand on tombe enceinte, c'est comme si on tombait sur un gros point d'interrogation. »

Elle relativise néanmoins « cet accident ». Habituée à calculer son cycle sur une application, elle sait bien que ce jour où ils font l'amour, elle est à la limite de l'ovulation, et que c'est donc le moment où elle est la plus susceptible de tomber enceinte. « J'ai dit à mon mec que ça allait le faire quand même. Lui me faisait confiance. Rétrospectivement, quand j'ai recalculé le jour de la fécondation, ça a bien eu lieu ce jour-là. »

Heureuse mais paniquée, Daphnée a d'abord envisagé d'avorter : elle s'est renseignée sur les différentes procédures, puis a laissé passer la première date limite qui autorise à mettre un terme à la grossesse en absorbant un médicament. Il lui restait la possibilité de l'intervention chirurgicale.

C'est une discussion à table avec sa mère qui l'a amenée malgré elle à prendre sa décision. Daphnée recrache machinalement le saumon cru que sa mère lui a préparé : « Je lui dis "Je suis enceinte". Elle me demande si je compte le garder. Je réponds oui, sans réfléchir une seconde. Elle me dit : "À ta place, moi, j'aurais avorté." Je l'ai regardée et j'ai dit : "Ah bah, tu vois, pas moi." Et puis on a continué à manger. » Daphnée sait que sa mère n'a pas beaucoup aimé être enceinte.

Les femmes font-elles des enfants avec leur propre mère? Pour, ou contre leur mère? Naturellement, spontanément, elles nous parlent toutes de leur relation à leur mère, alors qu'aucune ne s'attarde sur son conjoint. Le père reste hors champ.

À sept mois de grossesse, l'éventualité de pouvoir choisir encore, de revenir en arrière et de céder sa place de mère à une autre, en confiant sa fille à l'adoption, réconforte Daphnée, même si elle ne l'envisage pas sérieusement un seul instant. « Je fantasme. J'essaye vraiment de ressentir ce que ça me ferait si je l'abandonnais. » Elle a besoin de se rassurer sur l'existence chez elle d'un instinct maternel. Peut-être comme on conjure un sort : imaginer le pire lui permet de s'assurer qu'elle sera une bonne mère, qu'elle saura maîtriser ses nerfs et sa colère, qu'elle aura des sentiments pour cette personne qu'elle ne connaît pas encore.

Quand elle y repense, elle considère que cette grossesse « n'aurait pas pu arriver autrement » vu son tempérament. Elle n'aurait jamais réussi à choisir de « fonder une famille ». Elle a toujours eu trop peur du changement.

Nous comprenons parfaitement Daphnée : nous aussi aimerions ne pas avoir à choisir, nous débarrasser de ce biologique encombrant, que ça nous tombe dessus une bonne fois pour toutes. Mais c'est d'autant plus compliqué pour les femmes de laisser le hasard agir que c'est le plus souvent à nous de gérer la contraception. Maîtresses des horloges, des pilules du jour et du lendemain.

Deux ans après la naissance de Margaux, Daphnée et son compagnon se sont séparé.e.s mais elle ne regrette rien, et se sent plus heureuse que jamais dans sa nouvelle vie de mère. « Rétrospectivement, je me dis que cette grossesse, c'était un vrai choix parce que parfois je rêve d'une autre grossesse… en fait, oui, je voulais vraiment cet enfant. »

Grossesse précieuse

Nous rencontrons pendant des mois des femmes, patientes et soignantes, à qui nous posons les mêmes questions. Ça fait mal ? Vous gardez des séquelles ? La césarienne ? Le post-partum ? C'est plus dur ou plus facile que vous ne l'imaginiez ? C'est quoi les varices vulvaires ? Un œuf clair ? Des paillettes ?

Nous cherchons au creux de ces rencontres les sensations de la grossesse, les conséquences sur leur corps, une échelle de la douleur. Nous voulons savoir si ça vaut le coup ou pas.

Cette situation nous déplace de documentaristes à mères en puissance. Mais au fil de nos entretiens, nous prenons conscience que nous sommes parfois à côté, avec nos questions organiques, comme si nos interlocutrices n'étaient plus pour nous que des femmes gestantes. Nous oublions alors ce qui anime notre démarche, les inégalités, les questions de genre. Nous reproduisons ce que nous reprochons à la maternité : d'être constamment dépolitisée.

Émilie est sage-femme et mère de deux enfants. D'aussi loin qu'elle s'en souvienne, elle est née mère, « onze poupons » dans les bras. Alors, elle était sûre que son compagnon avait deviné son désir débordant d'enfanter. « En plus comme je suis sage-femme, je croyais qu'il savait. » Mais quand elle lui demande s'il est prêt, après trois ans de relation, il semble hésiter, ne « se montre pas pressé ». Elle panique, craint alors qu'il n'en veuille pas et lui donne trois jours pour prendre sa décision. « J'avais déjà vingt-huit ans, je ne désirais pas avoir un enfant trop tard, et je voulais avoir le temps de choisir un autre conjoint si lui ne voulait pas d'enfant. C'était plus important pour moi, ce désir d'enfant, qu'uniquement cet homme-là. »

Il accepte les termes de la négociation. Émilie a son premier enfant à vingt-neuf ans et le deuxième à trente et un.

En amour, on se demande en mariage. On demande le divorce. On se demande si on n'habiterait pas ensemble… Mais comment dit-on oui à la conception d'un enfant ? Comment fait-on pour s'accorder en même temps pour un projet qui nous engage à vie ? Est-ce qu'il y a vraiment les couples qui le décident à deux, et ceux qui se font un enfant dans le dos ? Et si un ultimatum est posé, peut-on toujours dire qu'il y a consentement ?

Malgré son désir très fort et son expérience de sage-femme, Émilie éprouve des difficultés qu'elle n'avait pas imaginées après la naissance de son premier. Dans son métier, elle avait vu bien sûr des centaines de nouvelles mères, mais seulement pendant les premiers jours à la maternité, quand elles sont bien entourées et accompagnées, « quand les hormones fonctionnent encore à plein régime ». Elle n'avait pas été témoin des journées sans pouvoir prendre une douche, de l'allaitement qui aspire le temps, de l'isolement total, de la peur de laisser son bébé : « Je me suis sentie très seule, je n'ai pas eu le sentiment de pouvoir partager ces difficultés. Pourtant, c'étaient les vacances d'été, j'ai donc eu pas mal d'aide de mon mari. C'est peut-être bête mais je crois que je m'empêchais un peu de dire que c'était difficile, comme depuis toujours je voulais cet enfant. »

Nous craignons parfois que nos pensées profanent ce temple sacré de la maternité. Nous cherchons des réponses dans les expériences de ces mères et de ces praticiennes. Sous forme de questions, nous creusons, l'air de rien, nos obsessions, nous cochons chacune nos cases, comptons nos points.

Son accouchement s'est bien passé et elle a pu retrouver rapidement son corps. Un point pour la maternité.

Elle a pu conserver son travail ; son salaire et sa carrière n'en ont pas souffert. Un point pour la maternité.

Elle demande de « l'aide » à son conjoint, se sent dépassée… Un point pour la vie sans enfants.

Mettre au monde

Des petites vignettes s'affichent sur l'écran. Des visages et des ventres apparaissent. Géraldine enchaîne toute la journée des cours de préparation à l'accouchement en « visio » avec des patientes à distance. La sage-femme approche la quarantaine. Quand elle parle du métier qu'elle exerce depuis quatorze ans, son exaltation illumine la pièce. Elle voulait « mettre au monde ». « Une naissance, c'est un tsunami pour les mères. Mon travail, c'est de les préparer. Ça me donne les larmes aux yeux rien que d'en parler. » Elle arrête un instant son récit sur sa fascination « pas glamour » pour le placenta qu'elle tient à partager : « Cette machine extraordinaire, ça m'émerveille. »

Avec les années son métier a évolué : elle constate que les grossesses sont de plus en plus tardives et « pourvoyeuses de pathologies ». Elle a bien conscience de l'horloge biologique qui agit comme une « sanction » irrévocable pour les femmes, mais en même temps elle ne veut pas les encourager à faire un enfant à quarante-cinq ans. « C'est une bêtise. »

Nous lui demandons alors si elle a des enfants. Son visage se ferme, sa voix aussi. « Non. » Et est-ce qu'elle en veut ? « Joker. »

Qu'est-ce que ça fait d'être sage-femme, quand on veut des enfants et qu'on n'en a pas ? Quand on suit l'horloge biologique des autres et la sienne, jour après jour, heure après heure ?

Nous marchons désormais sur des œufs. Comment continuer la discussion sans la blesser ? Alors nous lui demandons comment sont les futures mères avec elle. Elle dit ne pas ressentir de jugement particulier, et ne voit pas pourquoi elle mentirait à ce sujet, car ça ne l'empêche pas de savoir faire son travail correctement. Elle se racle la gorge : « Mais quelle est votre question ? Est-ce que vous me demandez : si je veux des enfants et que je ne peux pas en avoir, est-ce que voir des femmes enceintes tous les jours, ça affecte mon moral ? Ou bien vous me demandez : si je ne veux pas d'enfant, et que je l'assume, est-ce que j'en ai marre de voir des femmes enceintes ? Quelle que soit l'idée que vous avez derrière la tête, je ne peux pas demander aux femmes d'arrêter d'être enceintes, car c'est mon fonds de commerce. »

Nous ne saurons jamais ce qu'elle aurait répondu à la question que nous n'avons pas posée.

On ne nous dit pas assez combien l'expérience de la maternité sépare les femmes. C'est le tabou de la sororité. Sommes-nous toujours dans le même camp ? Y a-t-il d'un côté les mères, silenciées silencieuses, et nous avec nos questions ? Celles qui connaissent la vérité et celles qui en ont peur ? Comment continuer de faire corps sans cette expérience commune ?

Face à elles, mères comme nullipares, nous avons peur de les blesser, de paraître dans le jugement, inquisitrices, de les accoucher d'une parole sans leur consentement. Qui en sort délivrée ? Elles ou bien nous ?

Qu'est-ce qu'on fait quand on ne fait pas d'enfant ?

« Les mamans me demandent souvent si j'ai des enfants. Quand je leur dis non, il y a souvent un gros blanc derrière et elles ne savent pas trop quoi répondre. La plupart du temps, elles disent : "Ça va venir." Alors que non, ça ne va pas venir. »

Contrairement à Géraldine, la maternité des autres suffit à Candice. Sage-femme, danseuse et amoureuse d'un homme de vingt-cinq ans son aîné, Candice n'a juste pas envie d'avoir un enfant. Elle ne voit pas l'intérêt, ni ce que ça lui apporterait : « Je ne vois pas ce que je ferais d'un enfant. Je n'en ressens pas le besoin parce que je n'ai pas de place pour lui dans ma vie. »

Elle a rencontré son mari à l'âge de dix-huit ans, lui avait déjà deux enfants. Est-ce pour ça qu'elle a renoncé à être mère ? « Au contraire, lui en a toujours voulu avec moi. Quelquefois, j'aimerais ressentir cette sensation d'avoir fabriqué quelque chose avec lui, mais en même temps, c'est le seul truc qui m'attire dans la maternité et ça ne dure qu'un instant. » Ensuite, pour elle, ce ne sont que des contraintes. Elle a pu l'observer avec ses beaux-enfants : il faut s'organiser pour tout, tout le temps. Fini les aventures à deux, les vacances et les soirées improvisées. Fini aussi la danse et les entraînements sportifs. « Ça m'enlèverait une grosse part de liberté et de tranquillité. »

Candice a tout juste trente ans. Elle observe que la pression sociale sur les femmes ne faiblit pas. Au contraire, la grossesse et la maternité sont « à la mode » à la télévision et sur les réseaux sociaux. « Toutes les stars de téléréalité font des enfants l'une après l'autre et j'ai presque l'impression qu'il faut le faire pour être comme tout le monde, sans réflexion derrière. Mais peut-être que je me casse trop la tête et que je pense trop à moi. » Candice s'exprime de manière automatique, comme en réponse à une réflexion qu'elle a dû trop souvent entendre. La peur de passer pour des égoïstes pèse encore sur les femmes qui ne font pas d'enfant. C'est toujours l'éternel (stérile et stupide) débat : qui est la plus égoïste des deux ? Celle qui fait un enfant dans un monde en flammes ou bien celle qui veut vivre sa vie sans enfant, en invoquant sa carrière et ses passions ?

Candice ne donne pourtant pas l'impression de croire à son égocentrisme lorsqu'elle fait entrer la nouvelle patiente dans la salle d'échographie. Entièrement dévouée, absorbée par sa tâche, elle passe gracieusement le gel sur le ventre tendu de la maman, puis lui propose d'écouter les battements du cœur de son bébé.

Mères racines

« J'adore cette phrase que j'entends depuis que je suis enfant : on ne tombe pas enceinte, on se lève enceinte. En plus, pour moi, c'est vrai. Je me suis allongée et quand je me suis relevée j'étais enceinte. »

Cécile regarde sa partenaire avec un large sourire, peut-être parce qu'elle sait que ça n'a pas tout à fait été aussi simple. À quarante-trois ans et trente-sept ans, Cécile et Alexandra s'apprêtent à devenir mères. Elles se sont battues pendant trois ans pour avoir cet enfant, y ont laissé beaucoup de temps, d'argent, d'énergie et parfois leur santé mentale. S'il existe une hiérarchie entre toutes les aspirantes mères, alors Cécile et Alexandra ont choisi la maternité plus que toutes les autres.

Pour elles, il n'a pas été question d'accident, de jouer avec le feu, de pratiquer ou non « le retrait » lors d'un rapport avec pénétration comme on se retire d'une prise de décision. Elles n'ont pas non plus entendu « ça arrivera quand ça arrivera », « ça va venir quand tu y penseras le moins »… Pour elles, il a été question de calcul biologique et économique, de stimulation physiologique, de suivi psychologique.

Pourtant, avant Cécile, Alexandra n'avait jamais envisagé la maternité, sa vie était « toute tracée sans enfant, et très heureuse comme ça ». Un refus assumé, presque politique. Mais avec Cécile, son envie de créer une famille s'est imposée comme une évidence.

Cécile, elle, a toujours eu le désir d'être mère, mais pas à n'importe quel prix, ou en tout cas pas avec les hommes qui ont partagé sa vie jusqu'à ses trente-huit ans. L'une et l'autre n'avaient jamais connu de relation avec une femme avant leur rencontre.

Trois ans plus tard, les deux amoureuses se lancent dans un parcours d'insémination avec donneurs anonymes en Belgique. Elles achètent six lots de « paillettes ». Les premières tentatives sont douloureuses, les traitements médicamenteux lourds, le corps médical se montre froid et pessimiste. Lorsqu'elle ovule, Cécile doit parfois faire l'aller-retour seule dans la journée pour recevoir l'insémination. Quand nous les rencontrons en février 2021, la loi qui autorise la PMA (Procréation médicalement assistée) en France pour les femmes seules et les couples de femmes n'a pas encore été adoptée. Elle est votée en août 2021. Être mère lesbienne ou solo relève alors du parcours de la combattante, d'autant que Cécile a déjà dépassé la quarantaine. « Le médecin m'a tout de suite dit : après quarante ans, vos chances sont réduites de deux tiers. Juste après, il nous a présenté le devis pour les six inséminations. » Or pour Alexandra, il était exclu de « porter l'enfant dans son ventre », même si Cécile n'arrivait pas à tomber enceinte, ça ne « passerait » pas par elle.

Les six tentatives en Belgique échouent. Elles se tournent vers la fécondation *in vitro*, en Espagne. Malheureusement, le confinement ferme les frontières. Elles regardent le temps filer, et les chances s'amenuiser. Finalement, dès que c'est à nouveau possible, elles grimpent dans leur voiture et filent à Madrid. Dès la première tentative de FIV (Fécondation in vitro), Cécile est enfin enceinte.

Malgré toutes ces épreuves, elles se savent chanceuses d'avoir eu les moyens d'accéder à la maternité, car le total du processus leur aura coûté plus de 15 000 euros.

Cécile tient à nous montrer des photos de la robe qu'elle portera pour leur mariage le week-end prochain : blanche, fluide, moulante, fendue sur le côté avec une petite veste courte en fausse fourrure blanche semblable à celle d'une ourse polaire. Alexandra a choisi une combinaison pantalon cintrée et une étole en soie sur les épaules. Même si elles se marient pour rendre le dossier d'adoption plus solide, elles tiennent à en faire un moment « symbolique ». Après la naissance, Alexandra devra justifier de six mois de vie avec le bébé et la mère qui a porté l'enfant pour déposer un dossier d'adoption. Puis il y aura une enquête psychologique auprès de ses proches, avant d'envoyer le dossier chez le procureur.

La main d'Alexandra glisse du ventre de Cécile à sa main : « Parfois, j'ai peur de ne pas être à la hauteur de la mère que j'aimerais être, peur que le lien ne se fasse pas, peur que la connexion soit abîmée. Mais je sais que ça se construit. On dit toujours qu'on ne choisit pas sa famille, mais je crois au contraire qu'on la choisit. On la construit. Être mère, ce n'est pas une question de sang, c'est une affaire de socle, de racines. Ce n'est pas une affaire de génétique, c'est une affaire de genèse. »

Les mères en devenir ont déjà choisi un prénom pour leur bébé garçon. L'une voulait Solal, l'autre Swan. Il s'appellera donc « Saül ». Elles ne savent pas alors qu'en hébreu *Saül* signifie « le désiré », et qu'il vient, dans l'Ancien Testament, juste après la Genèse.

CHAPITRE 3

Les pères vacants

Camping de Maubuisson à Carcans (Gironde)

Nous cherchions le lieu idéal pour parler de paternité. Nous avions imaginé que l'été venu, les familles réinventaient leur quotidien. Que souvent loin du foyer l'année, les pères réapparaissaient pendant les grandes vacances. Que dans un camping, nous pourrions observer ce qui arrive lorsque les murs des cellules familiales tombent.

Alors sur nos carnets, nos imaginations ont pris la forme de questions. Des questions à la fois banales et incongrues. Des questions que nous n'avions encore jamais posées à notre entourage masculin, à nos pères, à nos frères, à nos compagnons, à nos amis. Jamais. Des questions qui nous intéressent particulièrement, nous, femmes de trente ans, sans cesse interrogées sur notre désir d'enfant.

Pourquoi devient-on père ? Y a-t-il un instinct paternel ? Une charge mentale masculine ? À quoi ça sert, un père ? Qu'est-ce qu'on fonde quand on fonde une famille ? La pression sociale pour devenir père, ça existe ? Et les chefs de famille ? Les rôles et les tâches hors du foyer sont-ils redistribués pendant les vacances ? (Entre parenthèses nous avons écrit : « Qui choisit la destination ? Qui gère le budget des vacances ? Qui conduit la voiture ? Qui programme les activités ? Qui monte la tente ? Qui prépare le barbecue ? »)

En arrivant sur place, une nouvelle question est venue s'ajouter à notre liste : qui voudra bien répondre à nos questions ?

Depuis deux jours, nous errons comme des âmes en peine dans les allées du camping de Maubuisson. Nous tentons d'attraper les pères dans les moments creux : dans la queue des douches, entre deux sets de tennis, de ping-pong ou de badminton, après l'accompagnement des enfants au miniclub, sur les transats de la piscine... Mais nous n'obtenons que des fins de non-recevoir : ils n'ont « pas du tout le temps », pour une fois qu'ils sont « en famille », ils ne croient pas « avoir grand-chose à dire sur la paternité », n'aiment pas les médias et critiquent notre indiscrétion.

Même le patron du camping, Nicolas, nous prévient dès notre arrivée qu'il n'a aucune envie de participer, mais qu'il est « disponible pour nous organiser des rencontres avec d'autres hommes de l'équipe sûrement plus intéressants que [lui] ».

Blottie dans la pinède, paysage poreux où forêt et océan se rencontrent, Maubuisson est une petite et douce savane plantée de pins et de maisons mobiles, à quelques kilomètres de Lacanau en Gironde. Après le petit déjeuner, la chaleur monte rapidement sur la dune et le camping se vide. Les familles bifurquent, les unes vers l'ouest et les déferlantes de l'Atlantique, les autres vers l'est et le calme du lac d'Hourtin.

Le détonateur

Sur la plage en face du camping, à l'ombre du seul pin parasol, Guillaume est allongé sur le côté, la tête appuyée dans une main, l'autre empêchant mollement le livre *Pour une enfance heureuse, Repenser l'éducation à la lumière des dernières découvertes sur le cerveau** de se refermer. Voilà une bonne accroche pour entamer une discussion sur la paternité. Il nous explique fièrement avoir acheté ce livre avant la naissance du bébé. Jusqu'ici, il n'avait pas encore eu le temps de le lire. Guillaume porte un maillot de bain en coton rayé bleu et blanc, il a l'air d'un gentil garçon.

À côté de lui, sa compagne Lucile et leur enfant de quelques mois dorment. Nous lui proposons tout bas de nous éloigner un peu pour ne pas les déranger mais aussi pour lui poser des questions sans risquer d'être entendu.e.s. Immédiatement, nous sommes rattrapé.e.s par Lucile qui s'installe au bout de sa serviette.

« Ah, c'est bien ça pour toi de parler de la paternité, je te laisse tranquille alors », dit-elle, sans bouger pour autant.

Voilà donc ce que dit un homme lorsque sa compagne l'écoute.

Il explique que cet enfant est arrivé « sur le tard », alors qu'il avait trente-sept ans, sa compagne étant un peu

---

* D^{re} Catherine Gueguen, Robert Laffont, 2014.

plus jeune. À l'origine, lui n'en voulait « pas forcément ». Dès le départ, pourtant, Lucile lui avait fait part de son « besoin fondamental » d'être mère. Il a vite compris qu'il y avait un choix à faire. Mais alors, pourquoi en a-t-il voulu ? Il regarde furtivement sa compagne qui fait mine de ne pas écouter. Il explique que Lucile lui a posé « un ultimatum ».

Pour lui, la rencontre avec Lucile « a vraiment été le détonateur ». Ça lui échappe. Pas le déclencheur, le détonateur.

Détonateur : « Ce qui provoque une action ou fait éclater une situation explosive. »

Il se reprend et parvient à justifier autrement son désir d'enfant. Son seul frère n'en ayant pas, c'était important de transmettre son nom de famille et « de faire perdurer l'histoire familiale ».

La motivation de transmettre noms, valeurs et héritage reviendra souvent dans le discours des hommes de Maubuisson. Faire perdurer leur espèce : l'obsession d'une société patrilinéaire.

Avant d'être parents, Lucile et Guillaume avaient l'habitude de « barouder » et de « crapahuter » tous les étés. Maintenant, impossible, tout est programmé à l'avance. Il balaie du regard la plage bondée du camping, la glacière et le parasol. Au travail, les heures supplémentaires sont désormais exclues. À la maison, leurs soirées ne sont plus les mêmes. « On les vit complètement avec la petite, puis tous les deux devant la télé. Tout change et en bien. »

Pourtant, là, assis sur sa serviette avec son manuel du bon père sur les cuisses, tout son corps semble dire le contraire.

Nos silences

De retour de la plage, les familles fourmillent dans la file des douches, serviette sous le bras, trousse de toilette dans une main, celle d'un enfant dans l'autre. Les voix étouffées, les jets d'eau, les tongs ventouses, nous captons un son d'ambiance du côté des lavabos pour « habiller » notre documentaire.

Tout à coup, dans le casque, nous entendons, de l'autre côté de la fine paroi, une voix masculine. « Tu vas te la fermer ? Tu vas arrêter de me faire chier maintenant, sinon tu vas t'en prendre une. Je t'aurai prévenu. Tu m'entends ? OK, alors si c'est comme ça, si tu veux jouer à ça. » La cabine s'ouvre violemment. Le père encadre son fils de ses deux jambes, plantées comme deux poteaux, comme deux étaux. Ses grosses mains sur les petites épaules de l'enfant aux cheveux et aux yeux mouillés, le père arachnéen s'éloigne, le regard baissé. Tout le monde est sidéré, y compris nous. Comme si nous étions fautives de ne pas être intervenues dans une scène d'habitude confinée au privé, à l'intimité du foyer.

Si nous racontons cette courte scène ici, c'est qu'elle continue de nous habiter. Pourquoi n'avons-nous rien dit ? Qu'est-ce qui nous en a empêchées ?

Comme si l'autorité parentale, et plus encore paternelle, ne pouvait jamais être contrariée. Comme si elle était indéfectible donc. Les parents ont tous les droits sur *leur* enfant. Ces derniers sont leur extension, leur prolongement, leur propriété, sur laquelle ils appliquent leur propre loi.

Où commence la violence ? Quand finit-elle si nous conspirons au silence ?

Devenir un roc

« Poule en haut, poule en bas/Poule qui ne pond guère/ Poule en haut, poule en bas/Poule qui ne pond pas... » Nous sommes attirées par le son d'une comptine. Enfin un peu de douceur ? Le rythme s'accélère. « Œuf à la coque, œuf en neige/Œuf poché, œuf sur le plat, omelette au chocolat » puis un grand éclat de rire.

Dans le coin des tentes, quatre enfants s'esclaffent autour d'une table en plastique, le père vient de terminer sa chorale chorégraphiée, tandis que la mère sert des lentilles corail et des petits légumes dans des assiettes en plastique. Repas équilibré : famille équilibrée ?

Ils ont l'air d'une tribu joyeuse. Les parents sont de jeunes quadragénaires assortis, blond vénitien. La peau, légèrement constellée de taches de rousseur, signale un bronzage chic, maîtrisé.

Les deux petites filles sont les siennes, les deux petits garçons sont ceux de sa compagne, qu'il connaît depuis quinze ans mais avec qui il est depuis seulement un an. Il vient d'avoir un bébé aussi, resté avec son ex.

Tandis que sa nouvelle compagne s'occupe du coucher, Cyril sort sa guitare et se sert un verre de rosé.

Père de trois enfants, beau-père de deux enfants : c'était une évidence pour lui, la paternité ? Il explique s'être laissé embarquer par son ex-compagne, « comme beaucoup de gars autour de [lui] ». Il se sentait bien avec elle. Il pensait avoir l'âge, la situation. Mais il aurait « aimé faire beaucoup de choses encore avant de faire des enfants ». « Des voyages et de la légèreté. »

Pour lui, le père est un « repère, un modèle, un référent ». Il doit être « l'homme rocher, le menhir, stable avant tout ».

Mais de quelle matière sont faits les pères ? Sont-ils de calcaire ou d'argile ? Absorbent-ils les eaux et les larmes, les secousses et les failles ? Des pères comme des montagnes. Des pères de pierre.

« Quand on devient papa, on est pris à la gorge par la responsabilité. J'ai pas forcément la fibre maternelle *[sic]*, alors ça m'a épuisé. » Il s'est peu à peu isolé, a délaissé ses activités et ses amis. Il s'est comme « desséché ». Des mois à ne pas dormir plus de quatre heures par nuit, les frustrations qui « piquent », les conversations qui ne tournent plus qu'autour des enfants... Il avait beau apprécier son travail d'ingénieur dans les énergies renouvelables, il a commencé à regretter de consacrer autant de temps à sa carrière pour gagner de l'argent et « subvenir aux besoins » de sa famille. Sa vie lui est apparue « complètement nulle ».

Puis l'ennui est venu, et pour le tromper, il a trompé sa femme pour se « faire mousser » et se divertir. Il considère qu'il a « vrillé, pété un câble », il s'est isolé, sans pouvoir en parler.

« Avec mon ex, on s'est perdus comme ça. » Les larmes surgissent. Où est sa nouvelle compagne pendant qu'il pleure sur son passé ?

Et où sont l'ex-compagne et leur bébé de quelques mois ? Nous faisons le calcul à l'envers : un bébé de quelques mois, une nouvelle compagne depuis un an, et des vacances loin de son nouveau-né.

Éclairée par des halogènes, la pinède nous absorbe. Elle serait sinistre si ce n'était pas l'été. L'air emporte doucement des odeurs de citronnelle et de sève. Dans le silence, le camping s'endort. Cyril s'allume une dernière cigarette. « Demain au lever du jour, les enfants vont battre la mesure et nous lancer dans une nouvelle journée autour de la mer. »

Ou aurait-il dit « de la mère » ?

Le bruit d'une fermeture Éclair. Sa compagne sort de la tente en pyjama et passe derrière lui, sans un regard vers nous. Il se retourne et lui demande si elle va bien. Elle s'éloigne en pleurant.

« Je pense que le coucher des enfants s'est mal passé... » nous dit Cyril. À moins qu'elle ne l'ait tout simplement écouté ?

L'air de « Poule en haut, poule en bas » nous revient en tête, mais ne résonne plus pareil. Une poule qui ne pond pas des œufs en chocolat...

Seul, avec son fils

À l'entrée du camping, *L'As gourmand* fait cafétéria le matin et couscous le soir. Un homme tout en noir, cheveux poivre et sel décoiffés, barbe de trois jours, s'y installe seul. Il commande un café, allume une Marlboro, chausse des Ray-Ban et ouvre *Le Monde*.

Photographe dans la vie, il s'est amusé à prendre quelques clichés « poétiques » du camping, à la lumière du petit matin, mais a dû rapidement s'interrompre pour préparer le petit déjeuner de son fils de quinze ans et de ses copains. « C'est la première fois en vingt ans que je pars seul… seul avec mon fils. »

Sa voix claironne, fanfaronne, se voudrait autoréalisatrice, mais cette aisance revendiquée semble fragile. Il décrit ses vacances comme un espace-temps de transition. Pour sa première expérience au camping, il accompagne son fils dans une initiation au surf. Il est là pour « déconnecter, pour vivre d'autres choses aussi ». Entend-il par-là : prendre le large et vivre des aventures amoureuses ? « Je suis plus que fidèle, je suis obsessionnel, pour ne pas dire obsédé par ma femme. Je ressens toujours des choses aussi fortes vis-à-vis d'elle. »

S'il passe des vacances seul, c'est qu'au bout de vingt ans « elle avait envie et besoin, pour éviter la séparation », qu'ils fassent « des bouts de chemin, chacun de leur côté ». Ses paroles s'espacent, sa voix change. Il hésite, puis lâche tout dans un flot : son couple traverse une période trouble. Le plus dur, c'est de voir de moins en moins d'envie dans le regard de l'autre. Sa femme n'est pas jalouse. Au contraire, elle aimerait qu'il ait un peu plus de « copines », pensant que ça pourrait aider à faire « repartir la flamme ». Elle a plein de copains qui la font rire. Lui-même n'y arrive plus, mais il essaye de combattre sa jalousie.

Derrière ses lunettes écrans, il rit, gêné, pour camoufler les larmes qui bloquent parfois sa voix. « Elle a envie que je me renouvelle, que j'invente des choses, que je change. » Alors il tente de s'inventer l'espace des vacances, baroudeur, aventurier, campeur, surfeur, pour pouvoir lui raconter les vagues, les exploits, la tente montée en deux secondes, les femmes en maillot de bain, mais surtout pas le manque, le vague à l'âme, « le petit coup de mou, la musique des manèges, les néons, les trucs à churros », et le fait qu'il n'a « juste aucune envie d'être là ».

Les bonnes valeurs

Les enfants s'impatientent autour du barbecue et du père tranquille. Jocelyn retourne des chipolatas en chantonnant : « Le cochon c'est bon. » Il doit faire trente-cinq degrés au soleil et dix de plus à côté du barbecue. Les enfants ont l'air d'avoir faim, il faut dire qu'il est 15 heures, mais ils patientent tranquillement en plein cagnard. « T'inquiète, t'inquiète lapin, ça arrive. »

Leur père a l'air plus pressé de finir son joint que de passer à table. Casquette du Tour de France sur la tête, les cils parasols, les yeux clairs : ses enfants lui ressemblent beaucoup. « Ah oui, ceux-là, je les ai pas trouvés sur la route. Ils m'appellent papa donc j'en déduis que c'est les miens. Je suis très fier d'avoir trois petits garçons, trois beaux mecs, des petits monstres de virilité. »

Jocelyn est podologue en libéral, sa femme aussi travaille, « mais moins, elle est dans l'éducation, elle a la chance d'avoir plus de temps et de vacances, je suis presque jaloux ». Il apprécie de passer du temps avec ses fils pendant l'été, car il a moins la possibilité d'être en famille le reste de l'année. Il évoque le manque de temps mais insiste sur « le cadre » qu'il faut donner aux enfants et les bonnes valeurs à leur transmettre.

« Je les ai pas beaucoup vus finalement depuis qu'ils sont nés. J'étais dans la spirale : il faut faire plus pour en avoir plus, mais je me rends compte que ça ne sert à rien, qu'il faut passer du temps avec ses gamins. Ça passe très vite. »

Jocelyn est-il seulement sorti de sa spirale ?

« Attends que ton père rentre… »

Yves joue au football avec ses deux fils au bord du lac. Il nous écoute, tout en continuant de dribbler, et décline notre invitation à parler de paternité. Trente minutes plus tard, l'air chiffonné, il revient vers nous. Finalement, il veut réfléchir avec nous à la question, d'autant qu'il pense n'avoir jamais pris le temps de le faire jusqu'à maintenant. Il ne sait ni pourquoi ni comment il est devenu père. Peut-être simplement parce que sa femme pensait qu'il en ferait un bon.

Assis sur la digue, les pieds dans le sable et les yeux dans l'eau, il y a dans sa voix quelque chose de doux et de fêlé, quelque chose de douloureux sans être résigné.

Yves a rencontré sa femme à vingt-deux ans, elle en avait dix-huit, « un coup de foudre comme dans les films ». Après quelques années de relation libre – même s'il reconnaît qu'elle était plus « libre » que lui, ce dont il a souffert –, ils ont décidé d'un couple exclusif et ont eu trois enfants. Vingt-cinq ans après leur rencontre, il rêve aujourd'hui de vieillir à ses côtés, et de s'asseoir avec elle « au bord de la route sur une chaise pliante, regarder les voitures passer, et la voisine sortir les poubelles ».

Tout.tes les deux sont infirmier.e.s. Ces quinze jours de vacances sont un des rares moments où la famille se retrouve au complet. Le couple a fait le choix de travailler en décalé. L'un la nuit, l'autre le jour. « Moi aussi, je suis femme au foyer quand je ne travaille pas. »

Yves prétend occuper à peu près la même place que son épouse. S'il évoque d'abord un partage des tâches, il nuance assez vite : « En toute honnêteté, je pense que la charge mentale de ma femme est plus importante que la mienne. Elle va plus que moi penser à mettre la machine en route, c'est elle qui prépare la valise des enfants… et la mienne. » Quand il était petit, il n'a jamais vu son père se lever pour débarrasser la table, sa mère demandait à ses sœurs de sortir les poubelles tandis que lui pouvait rester devant la télé. « Il m'a fallu du temps pour comprendre que si ma femme n'avait pas encore fait la vaisselle, moi non plus. »

Il n'est pas le seul à avoir mis du temps à en prendre conscience. En France, les femmes assument 72 % des tâches ménagères et 65 % des tâches parentales*.

---

*Selon la dernière enquête de l'Insee datant de 2010.

Ressent-il quand même une charge mentale? « C'est moi le chef de famille, ça veut dire que si la fin du monde arrive, c'est à moi de nourrir ma famille, de la défendre, de la protéger. S'il faut aller chasser, ce sera à moi de le faire. On est des animaux territoriaux, c'est dans nos gènes. Je ne suis pas machiste… enfin peut-être que si, après tout. »

Sa charge mentale, ajoute-t-il, ce serait peut-être d'être celui qui doit faire la loi, celui « qu'on appelle quand les négociations sont rompues » et qu'il faut crier. Parfois, il trouve ce rôle pesant, surtout en vacances. Mais lorsque la situation dérape, sa femme fait toujours appel à lui, à sa « grosse voix masculine » qui « impacterait mieux les enfants ».

Le mythe de la voix… Pendant l'Antiquité déjà, les philosophes péroraient sur la voix masculine, dont le siège serait les testicules, et qui seule, instaurerait l'ordre et le *logos*. Tandis que la voix féminine, humide et fragile, serait tout simplement inaudible, et donc exclue de la *polis*, vouée à rester au foyer.

Croit-il vraiment que ce soit une question de tonalité?

Leur deuxième enfant n'a pas dormi pendant quatre ans. À cette période, Yves était « comme un marin du Vendée Globe, qui dort vingt minutes, se réveille deux heures, se rendort puis doit être à nouveau sur le pont à 5 heures du matin » pour partir travailler. « C'était infernal. » Il lui est alors arrivé de ne pas comprendre « qu'il n'y ait pas plus de morts d'enfants, parce que c'est insupportable. Nous on est bien, on est équilibrés, on n'est pas alcooliques, on n'est pas toxicomanes… Mais il y a un moment, forcément, où vous l'attrapez, vous le balancez dans le lit, parce que vous n'en pouvez plus. Vous devenez fou. Après, bien sûr, vous pouvez toujours culpabiliser en vous disant que vous êtes le pire père du monde. »

Dans l'enveloppe douce de sa voix grave sonne l'expérience de l'infirmier. Une voix qui vous berce pendant qu'on vous pique. En l'écoutant, nous ressentons certes un malaise mais léger, confus, endormi. Ce n'est qu'à la réécoute de l'entretien que nous sommes frappées par son argumentation qui semble légitimer le recours à la violence face à des enfants récalcitrants. Ou alors sommes-nous, femmes sans enfant, incapables de comprendre ce que l'absence de sommeil provoque ?

Les choses de la vie

Tant pis pour les lieux communs : le tournoi de pétanque, c'est bien l'acmé de la semaine au camping de Maubuisson, avec à la clé, panier surprise, bouteille de vin et panama. L'équipe des « pépés » vient de remporter une partie et attend son prochain tour sur le bord du terrain. Chaque année, ce sont les vainqueurs de la compétition.

Fabien est venu de Bordeaux rejoindre son ami Aurélien et participer au tournoi. Il est responsable dans un magasin de matériel électrique depuis vingt-sept ans. En dehors de son travail, il est particulièrement intéressé par « les femmes et la pétanque. Je peux le dire car je suis divorcé ».

Est-il amoureux en ce moment ? Il jette un regard à son comparse, vaguement amusé. « Oui, je suis amoureux depuis cinq minutes, d'une personne en face de moi, que je trouve très charmante, c'est vous, voilà. »

Comme tant d'autres hommes de ce camping qui nous ont alpaguées ou sifflées, qui nous ont demandé si nous étions célibataires ou lesbiennes, si nous couchions ensemble, si nous n'avions pas besoin de nous rafraîchir un peu, qui nous ont invitées à dormir dans leur mobile home (la liste est longue, nous vous l'épargnons), Fabien n'est, bien sûr, pas sérieux.

Nous savons qu'il s'agit autant d'un automatisme de chasseur que d'une réaction défensive. C'est une stratégie de résistance, pour nous empêcher de plonger dans leur intimité, comme ces rires qui viennent systématiquement après une confession. Comment continuer la discussion tout en refusant de rentrer dans leur jeu ?

Fabien se reprend, certainement gêné par notre silence. « La vie tout seul, c'est pas une vie. Quand vous vivez avec quelqu'un pendant vingt et quelques années, et que du jour au lendemain vous devez vous séparer, c'est pas très plaisant. Mais ce sont les choses de la vie. »

Il parle beaucoup plus bas à présent. Son ami à côté a l'air embêté par la tournure intime que prend la discussion. Fabien a deux enfants. Il évoque ses difficultés financières depuis qu'il est père, mais affirme sa paternité comme un choix. « Bien sûr que j'ai toujours voulu être père, j'ai jamais été égoïste. Quand on est en couple, si on peut avoir un enfant, il faut le faire. C'est important pour être un homme. »

A-t-il consacré beaucoup de temps à ses enfants ? Pas assez, il l'admet. « Le travail, des fois, ça mange tout, mais je regrette pas. D'un côté j'ai perdu quelque chose d'important – du temps avec mes enfants –, de l'autre j'ai gagné pas mal de choses. Si on n'a pas d'argent, on ne fait rien et on n'est rien. » Depuis la séparation, il voit beaucoup plus souvent ses enfants pour « rattraper des choses qui ne sont pas rattrapables ».

Assumer ses responsabilités. Faire le nécessaire. Subvenir aux besoins de la famille. Les mêmes rengaines dans la bouche de tous ces hommes. Les empêchent-elles d'être père ou bien, au contraire, les excusent-elles de déserter le foyer ?

La plupart des hommes que nous rencontrons semblent découvrir la paternité et l'intimité avec leurs enfants après la séparation avec la mère, grâce à la garde alternée.

Comme s'il fallait que la mère ne soit plus là pour qu'ils assument être autre chose qu'un portefeuille.

Le père prodigue. Le père Noël. Le père mystère. Qui multiplie les billets, tient les cordons de la bourse et autorise les dépenses.

Tous ces pères, toujours sur le pas de la porte. Et les enfants qui courent, excités de les voir. Que cachent-ils encore ce soir dans leur mallette magique ? De quelle matière sont faits les pères : sont-ils d'étain ou de cuivre ?

Leur rareté fait-elle leur popularité ?

Donner sa parole

Derrière la réception du camping, nous faisons quelques enregistrements quand Nicolas, le patron, débarque, ivre. Celui-là même qui nous a prévenues dès notre arrivée qu'il ne participerait pas au documentaire. « Je vous ai évitées depuis trois jours car j'ai bien compris que je ne vous intéressais pas. Et c'est vrai, j'ai rien d'intéressant à vous raconter. Mais enfin j'ai quand même eu des enfants, deux enfants mort-nés avec une première femme. Puis deux autres avec une deuxième. Ma vie n'est pas des plus roses... »

Le lendemain matin, nous retrouvons Nicolas pour poursuivre cette discussion, plus au calme, alors qu'il nettoie la piscine. Il a repris le camping à l'âge de vingt-deux ans, il en a désormais quarante-neuf. Ses arrière-grands-parents l'avaient créé dans les années 1950. D'un signe de la main, il nous indique la nouvelle maison qu'il a achetée de l'autre côté du camping, à côté de celle de ses parents et de sa sœur.

Son père ne lui a jamais dit qu'il était fier de lui. « C'est peut-être la relation père-fils qui fait qu'on ne sait pas dire les choses. » Nicolas a été écrasé toute sa vie par les modèles « au-dessus » de lui, les deux patriarches de sa famille : « un papa professeur en médecine, une sommité » et un grand-père « très brillant aussi ».

Pendant des années, il n'est pas parvenu à prendre du recul sur son métier en vivant sur son lieu de travail. Il passait peu de temps en famille. « Ça a peut-être été une des raisons pour lesquelles on a fini par se séparer avec ma femme. » Son ex-compagne faisait partie de l'équipe du camping. Elle est tombée enceinte au bout de six mois de relation, puis une seconde fois dans la foulée. C'est au moment de la séparation, et de la mise en place d'une garde alternée que, pour la première fois, il s'est senti père. Jusque-là, lui aussi estimait que subvenir aux besoins matériels de la famille suffisait.

Peut-il nous raconter l'autre histoire ? Celle qu'il a mentionnée la veille, celle de la première femme.

C'est comme si Nicolas attendait depuis longtemps qu'on le lui demande, pour en être soulagé.

Alors il n'hésite pas et raconte. Après sept ans de relation, sa première épouse est enfin tombée enceinte. Elle a donné naissance à un premier bébé mort-né, puis à un deuxième, mort à la naissance. « Suite à ça, elle a perdu ses trompes et n'avait plus la possibilité d'avoir des enfants. Il y a eu un… un blocage de mon côté. » Il l'a alors quittée puisque « c'était un peu le sens de [sa] vie, d'avoir des enfants ».

Il reconnaît qu'il aurait pu essayer de « reconstruire le couple différemment », qu'il aurait pu envisager une adoption. Mais à l'époque, il n'a « même pas reconnu la paternité » de ses deux enfants. « C'était comme un constat d'échec que je ne voulais pas voir. »

Sur ses joues, ses larmes se confondent avec la sueur, tandis qu'il fixe la surface de la piscine.

Hormis l'amour qu'il ressent pour ses enfants, Nicolas se demande s'il a déjà aimé. Il pense avoir eu « des sentiments » mais « l'amour est difficile à cerner et à exprimer ». C'est un sentiment qu'il a du mal « à aborder ou à comprendre », tant et si bien qu'aujourd'hui il ne sait pas s'il a déjà été amoureux ou si « c'était simplement la satisfaction d'être avec une jolie femme ».

Après la diffusion du reportage, nous nous sommes longuement appelés avec Nicolas. Écouter ses propos a été difficile, il était gêné de s'entendre, de prendre conscience qu'il avait beaucoup parlé de son père et de son grand-père. « Il aurait mieux valu que je ne me mette pas en avant. Je ne parle jamais de mes sentiments, de mes émotions, ça fait ressortir mes frustrations. » Mais les témoignages des autres hommes ont résonné en lui. « Ils mettent mieux que moi les mots sur ce que je ressens. »

Cet échange semble dire quelque chose du rapport de tous ces hommes à leur propre parole : la retenir, refuser de la donner, revenir nous chercher, s'en libérer puis s'en mordre les doigts. Pour autant, Nicolas ne regrette pas de nous avoir parlé.

Affirmer que les hommes ne savent pas parler de leurs sentiments et de leur intimité relève désormais d'un lieu commun dans les études sur la masculinité. Ce postulat tient lieu d'explication pour tout. Comme les hommes ne sauraient pas parler de leurs sentiments, ils rient, ils insultent, ils s'énervent, ils (se) dépensent, ils boivent, ils (s')abîment, ils conduisent vite, ils frappent, ils tuent.

Mais à la fin de ces cinq jours à chercher la place du père, nous nous interrogeons. S'ils ont l'air si surpris que nous les abordions, s'ils semblent avoir si peu réfléchi à la paternité, s'ils dégainent automatiquement les formules toutes faites (subvenir aux besoins de la famille, prendre ses responsabilités), n'est-ce pas plutôt parce qu'on ne leur pose jamais de questions ?

Ces derniers temps, les enquêtes, les témoignages et les sondages sur les femmes qui ne veulent plus être mères, ou qui veulent faire famille autrement que dans le cadre du couple hétérosexuel, fleurissent. Nous avons cherché une enquête qui s'intéresse exclusivement au désir de paternité : nous n'en avons pas trouvé.

Qui demande aux hommes s'ils ont toujours eu l'instinct paternel ? D'où vient leur désir d'enfant ? S'ils ressentent la pression sociale ? Comme si, pour les hommes, la paternité n'engageait à rien.

Pour savoir de quelle matière sont faits les pères, le plus simple, c'est encore de le leur demander.

CHAPITRE 4

Faire corps

Collège Paul-Langevin à Ville-la-Grand (Haute-Savoie)

Nous n'avions pas remis les pieds au collège depuis plus de quinze ans. La dernière fois, nous étions à leur place, assises au fond de la classe, seules dans un coin de la cour ou mêlées à un groupe sous le préau. Nous essayions à la fois de se faire remarquer et de se fondre dans le décor. C'était le temps des premières règles, des mots écrits en turquoise dans l'agenda des copines, des boules au ventre et des premiers baisers derrière le gymnase à l'heure de la récré.

Des grappes de jeunes patientent devant la grille. Du ciel de novembre au trottoir, tout semble gris alentour. Nous devinons à peine les montagnes qui se dessinent à l'horizon. Certains visages sont encore ensommeillés, des mains enfoncées dans les poches. L'air est vif, les éclats de voix dessinent dans l'air des nuages de buée. Comme chaque jour, ces jeunes se retrouvent ici, se racontent les nouvelles. Les filles d'un côté et les garçons de l'autre.

La sonnerie déchire l'atmosphère. Les silhouettes adolescentes, sac sur le dos, se dispersent dans le dédale des couloirs. Les escaliers résonnent d'éclats de rire et de rappels à l'ordre. Ce sont plus de mille élèves, chaque jour, qui circulent entre les bâtiments de ce collège public de Haute-Savoie, anciennement situé en zone d'éducation prioritaire. Deux établissements le sont encore dans le secteur.

Monter ces marches avec les élèves, c'est un peu comme remonter le temps, rembobiner nos rentrées scolaires. Propulsées dans les souvenirs de nos quatorze ans, comment ne pas plaquer nos propres expériences sur celles des filles de 2020 ? La sexualité, le rapport au corps et au genre, le harcèlement… Comment se débrouillent-elles avec tout ça, ces jeunes filles qui sortent de l'enfance juste après #MeToo ?

Un groupe de filles de troisième se sont portées volontaires pour nous parler. Qui, d'elles ou de nous, appréhende le plus cette rencontre ? Comment vont-elles nous percevoir ? Quand nous avions quatorze ans, les filles de trente ans nous semblaient… vieilles. Nous imaginions qu'à trente ans nous serions accomplies, peut-être même mariées avec enfants, en CDI. En rêvions-nous vraiment ? Dix-sept ans plus tard, la porte du lycée nous semble à peine refermée derrière nous.

Dans une salle de classe qui ressemble à des milliers d'autres, six collégiennes s'assoient sur des chaises disposées en cercle, autour de leur prof de français. Elles nous regardent avec curiosité. Pour que la parole se libère sans gêne, nous leur proposons de passer du temps avec elles, soit à tour de rôle, soit par groupes de deux.

En s'adressant à elles, notre langue est familière. Simple mimétisme, ou souhaitons-nous leur faire croire que nous sommes encore jeunes, que nous pouvons les comprendre ? Comme elles, nous portons un jean, des baskets et un sac à dos, espérant paraître cool et décontractées. Avec le micro que nous tenons entre les mains, nous ne savons plus très bien si nous sommes des adolescentes déguisées en journalistes ou des journalistes grimées en adolescentes.

L'adolescence : le début de la fin ?

Serena est la première à se lancer. Très grande, en tenue sportive, des mèches rouges parsemant ses cheveux tirés en arrière par un chignon. Sa peau noire n'est pas maquillée, contrairement aux autres filles du groupe. Ses longues jambes disposées de part et d'autre des pieds du petit bureau, le buste incliné en arrière, elle est d'emblée sur la défensive : « Des fois, je me dis que je veux pas être une fille. Quand je sors en robe, il y a des gens qui regardent... Des fois, ça donne peur. » « Donner » peur plutôt que « faire » peur. Comme si ce cadeau empoisonné était offert à l'entrée dans l'adolescence, parfois même avant.

Une fois, un homme a suivi Serena dans la rue. Elle est rentrée chez elle en pleurs, demandant à ses parents : « Si je m'habille à nouveau comme ça, est-ce que ça va se reproduire ? » Quand nous la rencontrons, elle porte des baskets, un jogging molletonné et un sweat large. Elle s'habille « très caché ». Très tôt, elle a appris « la vie d'adolescente », en même temps qu'elle a eu ses règles, à neuf ans, bien avant les autres filles de sa classe. Elle en a d'abord parlé à son beau-père, qui lui a dit : « Attention aux garçons, parce qu'ils ont des idées que vous n'imaginez pas. »

À nous aussi, on a inculqué que nos corps de jeunes filles pouvaient donner des idées aux garçons comme aux hommes. Qu'il fallait nous en protéger.

Ne mets pas ce gloss à l'école.

Ne laisse pas pendre ces deux mèches devant tes yeux.

Ne te teins pas les cheveux, ça fait mauvais genre.

Ne te penche pas avec ton jean taille basse, on voit tes sous-vêtements.

Ne laisse pas dépasser les bretelles de ton soutien-gorge.

Ne mets pas de débardeur, de talons, de décolleté, de jupe au-dessus du genou, de minishort...

Et puis, les trous dans ton jean.

Les trous dans tes oreilles.

Les trous dans ton nombril.

Les trous dans ta confiance.

Les trous dans ton enfance.

Pourquoi les adultes s'obstinent-ils à vouloir les dissimuler ? Ces trous sont-ils une fenêtre sur nos peaux ou une fenêtre sur leur peur ? Ou pire : sur leur désir ?

Un corps en X(xs)

Ces collégiennes se disent toutes complexées. C'est le cas de Sarah, maquillage soigné, cheveux lissés au fer, tee-shirt blanc moulant dans un jean taille haute. Elle fait plus que son âge, mais « mentalement, [elle n'a] pas la maturité de [son] corps ». Il y a quelques mois encore, elle allait très mal. Un épisode dépressif à l'entrée en sixième lui a fait prendre beaucoup de poids, puis, comme un cercle vicieux, cette métamorphose corporelle a renforcé son mal-être. Depuis, elle affirme se sentir mieux, car elle est parvenue à perdre des kilos.

Le piège dans lequel Sarah semble déjà prise nous est familier : corréler sa santé mentale avec sa courbe de poids. On dit naïvement « faire le yoyo » : ça consiste à s'aimer, puis à se haïr. S'aimer puis se haïr.

Nacira suit des comptes féministes sur Instagram, ce qui ne l'empêche pas de subir les injonctions à la minceur et de considérer son corps durement depuis le début de l'adolescence. « J'avais des hanches trop larges. Une morphologie en H, et pas de taille marquée. » Elle préfère s'habiller avec des vêtements amples et ne pas trop montrer ses formes. Alaïa, à l'inverse, a commencé à complexer sur ses fesses en entendant des garçons parler de celles de sa meilleure amie. « Ils disaient : c'est la plus belle de la classe parce que c'est celle qui a le plus gros cul. Une fois, elle s'était penchée et tous les mecs s'étaient retournés. On avait douze ans ! Quand j'y repense, je trouve ça dégueulasse… mais quand j'étais en cinquième je me disais : "Pourquoi c'est pas à moi que ça arrive ?" » Alaïa aussi, malgré l'arrivée de nouveaux mouvements féministes, considère qu'il existe encore un corps féminin idéal, véhiculé notamment par les réseaux sociaux : « Gros seins, grosses fesses, mais une taille fine. »

Trop petit cul, trop petits seins, trop grosse taille, trop petites hanches… Comment pourraient-elles (s')aimer ?

Ou au moins se tolérer ? Dans leurs descriptions du corps parfait en sablier se devinent, tels des patrons de couture, les silhouettes photoshoppées des sœurs Kardashian et de leurs clones. Ces corps modifiés – amplifiés par là par des injections et diminués par ici à coups de liposuccion – sont devenus la norme et inondent le flux d'images sur Instagram et TikTok. Des corps algorithmiques.

Ces aspirations transhumanistes malheureusement au présent rappellent pourtant les silhouettes passées des corps victoriens façonnés par des corsets. Toute petite taille pour suggérer le contrôle de soi, le faible appétit, la vulnérabilité mais aussi la pureté d'un corps nullipare (donc vierge). Hanches et seins voluptueux pour suggérer l'inverse : la sensualité lascive. Comme si cet héritage du corps corseté (« corps se tait » ?) n'avait pas pour autant fait disparaître ce moule séculaire. Nous sommes bel et bien restées enfermées.

Ces adolescentes de Haute-Savoie nous en rappellent d'autres, rencontrées quelques mois plus tard dans un collège du Gard, qui perpétuent littéralement cet héritage, en portant toutes les nuits un corset, acheté à l'insu de leurs parents sur Internet, pour enserrer leur taille et s'empêcher de prendre du poids.

Les adolescentes habituées à leur image lissée et affinée, aux filtres veloutés de leur téléphone, ne peuvent plus se voir dans un miroir telles qu'elles sont. Ce phénomène a même un nouveau nom : la « dysmorphophobie Snapchat ». Dans les couloirs, les filles ne se remaquillent plus dans le reflet d'une glace mais face à leur téléphone, paramétré en version selfie avec un filtre qui assure un *glow* et des traits de poupée. Yeux de biche, cils infinis, taches de rousseur, mini-nez et chevelure somptueuse. Leurs corps, tantôt moulés et dévoilés par des *crop tops*, tantôt noyés sous d'immenses sweat-shirts et joggings, disent bien les normes contradictoires qui pèsent sur elles.

« J'aime les garçons, mais j'aime pas les hommes »

Si Alaïa a souffert que les garçons ne remarquent pas ses fesses, le regard que les hommes posent sur son corps aujourd'hui la dégoûte. Pour elle, l'adolescence a commencé là, l'été de ses treize ans. Pour la première fois, elle s'est « sentie sexualisée, regardée, matée ». La pire des sensations. « Dans la rue, dès que tu mets une robe, ils croient tout de suite que ça veut dire que tu veux faire un truc. Et c'est souvent des hommes, voire des vieux, qui te klaxonnent, qui te sifflent. » Elle se demande si ces hommes ont une mère, une fille... Les regards qu'ils portent sur elle la font culpabiliser, même si elle est consciente que le problème ne vient pas d'elle, mais « d'eux ». Depuis l'été dernier, elle a commencé à recenser toutes les remarques perverses au sujet de son corps. Elle les a répertoriées dans une série de *stories* sur Instagram qu'elle a appelée « *Men are trash* ». « J'aime les garçons mais j'aime pas les hommes », conclut-elle, tout en leur trouvant malgré tout des excuses. Selon elle, la différence entre eux tient aux hormones sexuelles, « plus présentes chez les hommes ». « Ils n'y peuvent rien. »

« Réveillez-vous ! »

Lors d'un débat organisé dans une classe de quatrième, le ton monte très vite d'un cran. Quand le professeur demande aux filles ce qu'elles pensent de l'égalité filles-garçons, plusieurs d'entre elles montent au créneau. « Souvent, les garçons nous prennent pour des morceaux de viande. Ils ont faim, ils nous regardent mal. Ils veulent juste notre corps et ne s'intéressent pas vraiment à nous. » Des garçons s'offusquent et protestent, des rires éclatent. Certaines élèves bouillonnent et surenchérissent en rapportant des propos entendus dans la bouche des garçons. « Ils agissent vraiment… comme des animaux. Ils disent des trucs comme "Elle est bonne ! J'me la garde pour le goûter. Je m'en tape un croc, t'en veux ?" » Au milieu des ricanements, Fatine s'emporte, s'adressant indirectement à ceux qu'elle qualifie d'« affamés, en manque de féminité » : « S'ils pensent que c'est la bonne technique pour draguer, ils se plantent complètement ! »

Seule une partie de la classe a envie de rire. Plusieurs filles ont les larmes aux yeux. La majorité des garçons ne participent pas vraiment au débat, n'essayant même pas de répondre aux reproches formulés à leur encontre. Ils lancent juste quelques mots en l'air, à peine marmonnés. Un élève reproche aux filles leur manque de second degré.

L'une d'elles prend la parole. Sa voix tremble. Elle a quelque chose d'important à dire à la classe. « Tous les matins, je me demande comment je dois m'habiller. Quand j'arrive au collège, j'ai peur qu'il y ait quelqu'un qui me dise quelque chose de méchant sur mon physique… »

Elle fond en larmes devant ses camarades. « Je me demande comment ils peuvent nous dire ça… Parce qu'on n'a rien fait, nous les filles… »

Les garçons, tout à coup, se taisent. Fatine surenchérit : « Imaginez-vous que nous, les filles, dès qu'on sort, on a la peur de se faire agresser. Vous avez treize ans, vous êtes des machos, réveillez-vous ! »

La fin du cours a sonné. Nous ne savons pas très bien si le micro s'est fait oublier ou s'il a au contraire encouragé ces prises de parole. Les propos rapportés par les adolescentes sont révoltants, mais leur audace et leur maturité impressionnent. Une heure durant, les filles ont occupé l'espace physique et sonore.

Dans les années 2000, il était question de « machos ». Le sexisme, omniprésent, passait pourtant inaperçu par le biais d'un miroir déformant, transformant ces agissements en événements ordinaires.

De chaque salle de classe, la rumeur grinçante des chaises déplacées s'élève, pareille à un tremblement de terre. Des ados s'empressent de balancer leur sac sur l'épaule, tandis que des filles poursuivent encore le débat. La tension est palpable.

Un groupe de cinq collégiennes se présente, bras dessus bras dessous. Ce sont celles qui ont participé le plus activement à la discussion. L'humidité de leur regard et le rouge de leurs joues disent l'émotion et la colère.

Dehors, l'air est froid. La cour est déserte. Elles se blottissent l'une contre l'autre sur un banc de pierre. Elles rient d'une seule voix, formant un groupe soudé et complice qui semble se connaître depuis toujours, alors que leur bande est née il y a quelques semaines. Elles sont heureuses d'avoir pu s'exprimer pendant le débat en classe, mais remontées contre les garçons, qu'elles jugent totalement hypocrites. Elles sont inarrêtables quand il s'agit de témoigner de l'enfer qu'ils leur font vivre. L'une se voit moquée en cours d'escalade : les garçons disent qu'elle « se cambre exprès pour faire croire qu'elle a des formes alors qu'elle est plate ». Une autre s'est fait toucher les fesses en cours de sport. À une autre encore, on dit qu'elle est trop grosse. Assise à l'une des extrémités du banc, Zulma précise : « C'est à cause de ce que t'entends sur toi que tu commences à plus t'aimer. Moi, on m'a toujours insultée, tout le temps, de tout ! » Elle préfère ne pas répéter les insultes qu'elle a endurées. Au milieu d'une phrase, sa voix se brise. Ses amies se blottissent un peu plus contre elle, tandis que des larmes roulent sur ses joues. Elles prennent sa défense : « Là elle craque, mais devant tout le monde elle fait comme si ça l'atteignait pas… Notre groupe, c'est le seul endroit où on se dit tout. »

Malheureusement, il n'y a rien de nouveau dans le discours de Fatine, Zulma et Gwenaëlle. En 2020, comme dans les années 2000 : la même peur du cours de sport où les autres élèves scrutent corps et performance, ou bien celle d'aller au tableau, la peur qu'un nouveau vêtement provoque les moqueries. La même peur mais ni les mots ni l'espace pour le dire. Il faut toujours ravaler sa honte. Mais pour elles, il existe autre chose que nous ignorions alors : nous parlions d'amitié, elles parlent de sororité.

Ce qui semble lier ces filles cet après-midi sur ce banc, c'est la prise de conscience qu'ensemble, elles pourraient bien former plus qu'un groupe de copines : un bloc, une puissance, une armée.

Sortir du rang

Toutes évoquent la violence du passage de l'élémentaire au collège. Si certaines y voient une possibilité d'émancipation, pour beaucoup c'est surtout là que naissent les problèmes, les complexes, le harcèlement.

Depuis la sixième, Layali a subi les moqueries sur sa petite taille et son physique, des insultes dès qu'un prof avait le dos tourné. Elle a pleuré chaque soir en rentrant chez elle. Elle a fait semblant d'être malade afin de ne plus aller au collège. Elle a même pensé au suicide. Sa copine Fatine, qui lui tient la main, insiste sur la nécessité de trouver sa propre personnalité pour ne pas se faire marcher dessus. Mais pour Zulma, il est difficile d'être originale et de s'affirmer, parce que, dès qu'on sort du rang, le harcèlement redouble. Alors elle s'y plie : quand les « populaires » lui disent que ses vêtements sont moches, elle en change.

La parole passe de l'une à l'autre. Elles s'écoutent, se soutiennent, se renvoient la balle. « Les populaires ont le pouvoir, elles sont manipulatrices. Celle qui m'a influencée, elle faisait 300 vues par Snap, elle avait 4 000 abonnés… Ces personnes ont le pouvoir parce qu'elles connaissent du monde. » Fatine compare l'adolescence représentée dans les séries à celle de la vraie vie. « Dans les séries, c'est toujours tout beau tout rose. Les adolescentes n'ont jamais confiance en elles et puis, comme par hasard, du jour au lendemain elles sont belles, elles perdent du poids, elles enlèvent les lunettes, elles lâchent les cheveux, et elles ont les mecs tout autour d'elles ! Ici, c'est différent. » Dans la vraie vie, Fatine a subi du harcèlement sur Snapchat, une application qui permet notamment de poser des questions amusantes en sondant sa communauté. Des filles de sa classe postaient « Tu penses quoi de Fatine ? » et obtenaient des réponses comme « Fatine c'est une grosse pute, je la déteste ». Le lendemain, Fatine devait s'asseoir en classe à côté de celles et ceux qui l'insultaient publiquement le soir dans leur lit, depuis leur téléphone.

Certaines filles nous ont raconté des histoires plus violentes encore. Pour les protéger de la réaction de leurs parents et des autres élèves, nous avons choisi de ne pas les diffuser dans notre série documentaire. Il y était notamment question de vidéos intimes qui circulaient, de la réaction violente d'un grand frère ou d'un père apprenant par ce biais la vie sexuelle de leur fille, et de leurs tentatives pour se sortir de ce cycle de violence.

Une histoire qui n'a rien de nouveau, mais amplifiée de nos jours par la propagation immédiate et publique que permettent les *shaming*, *doxing* et *revenge* sur les groupes WhatsApp, Snapchat et Instagram.

Il y a néanmoins désormais un mot pour le dire : le harcèlement. Et la reconnaissance d'une violence systémique, de la domination des plus fort.e.s sur les plus faibles.

Gwenaëlle, qui arbore sur son tee-shirt l'inscription *Feminist in Progress*, nous amène sur le terrain des violences subies dans la sphère familiale. Depuis qu'elle est toute petite, son père « terrorise » la famille, hurle sur ses enfants, leur tirent les cheveux et frappe leur mère sous leurs yeux. « Pendant très longtemps, je me suis comportée comme une toute petite enfant car il m'interdisait tout. » Depuis l'année dernière, elle a obtenu le droit de ne plus le voir. « Je suis contente d'avoir découvert qui je suis vraiment, parce que, pendant une longue période de ma vie, j'ai pas pu le savoir. » Layali partage elle aussi cette expérience de la violence paternelle. Sauf qu'elle est forcée de continuer à voir son père : « Pour que j'arrête d'aller chez lui, il faudrait qu'il l'autorise, mais il le fera jamais. Il fait que me menacer H24. Il m'a dit que j'allais finir cas soc' comme ma mère. » Laisser des messages vocaux à ses amies à l'insu de son père la soulage. « Si parfois je lui mens, c'est parce que j'ai peur de sa réaction… C'est quelqu'un de très dangereux. »

La cloche sonne et un gouffre s'ouvre sous nos pieds. Nous aimerions les prendre dans nos bras mais elles s'en chargent elles-mêmes. Elles s'épaulent, tirent sur leurs manches pour essuyer les larmes qui coulent sur leurs joues.

Nous revoyons nos amitiés collégiennes. Ces passions intenses et parfois fusionnelles, dont on imaginait qu'elles n'auraient pas de fin. L'impression de se connaître depuis toujours. Les joies immenses et la douleur des trahisons. Le pouvoir à double tranchant du groupe. Des noms et des visages nous reviennent, dont nous avons perdu la trace. La bande de Fatine survivra-t-elle à la fin du collège ?

Les filles doivent rentrer chez elles. Elles nous saluent, nous remercient, récupèrent leurs affaires et se dirigent d'un bloc vers la sortie. Avant de pousser la porte de chez elle, Zulma enlèvera ses créoles et veillera à effacer toute trace de son eye-liner. Ses parents trouvent qu'elle est trop jeune, elle n'a pas encore le droit.

La journée est terminée. Il fait déjà nuit noire. Nous roulons en silence vers le chalet où nous dormons. L'absence de paysage défile. Seules d'immenses ombres dessinent le massif du Chablais et nous absorbent. Chacune y projette ce qu'elle veut. Arrivées chez nous, autour d'un feu, nous parlons de leurs adolescences et des nôtres. Nous nous connaissons bien, nous savons ce que tout ça bouscule en nous. Pour l'une de nous, le collège fut un refuge, pour l'autre, synonyme de traumatisme.

Quatorze ans, c'est la trahison des copines qui passent des appels anonymes, d'un garçon qui n'assume pas devant ses copains, de ce nouveau corps qui va où il veut, d'une « amie » qui balance des photos volées dans les vestiaires de la piscine sur son Skyblog, des profs aveugles au harcèlement, des parents qui vous obligent coûte que coûte à retourner au collège...

En dépit d'adolescences très différentes, nous nous trouvons de nombreux points communs avec ces jeunes filles. Nous aussi, nous distinguions les populaires et les « paumé.e.s », celles et ceux qui avaient « une personnalité » des collégien.ne.s qui devaient s'en acheter une, les filles « qui l'avaient fait » – celles en couple avec leur petit copain – et les autres, les salopes.

Tabou

Comme dans tous les collèges, passé quatorze ans, les ados se distinguent entre les célibataires et celles « en couple ». Avant, ces notions n'existent presque pas.

Malgré les difficultés de ces collégiennes, leur conscience aiguë des inégalités de genre et leurs rapports souvent conflictuels avec les garçons et les hommes, elles semblent toutes rêver d'avoir un petit copain. Nous ne posons jamais la question de l'orientation sexuelle ou de l'identité de genre car nous ne voulons pas influencer leurs réponses. Elles paraissent envisager la relation amoureuse uniquement dans le cadre d'une conjugalité hétérosexuelle et monogame. Elles ne semblent pas non plus questionner leur identité de genre. Mais ont-elles seulement la place de le faire ?

La plupart de ces filles ont déjà été amoureuses mais décrivent souvent des histoires d'amour empêchées, ou des règles strictes qu'elles sont censées observer. L'une a été quittée par un garçon qui l'aime toujours mais dont les parents s'opposent à cette relation. Une autre, de confession musulmane, a été menacée par son père – « si tu me ramènes un Jérémy, je vais te tuer ». Elle comprend ce que ça implique : « J'ai pas le droit d'aimer qui je veux. » Une autre élève musulmane évoque son père, qui lui aurait dit au contraire : "Le jour où tu me ramènes un Mohamed, je l'envoie à l'hôpital." Lui, c'est pire, il est raciste de lui-même. » Il y a encore cette élève de quatrième qui nous raconte avoir été frappée par sa mère le jour où celle-ci a appris que sa fille sortait avec un garçon. Elle s'emporte, en regardant ses copines : « Mais tu choisis pas qui tu aimes et y a pas d'âge pour aimer ! »

Plusieurs filles n'ont encore jamais embrassé et sacralisent ce moment. Elles veulent être sûres de le faire avec la bonne personne. Et quand nous évoquons les relations sexuelles, la plupart se referment. Pour beaucoup, c'est un tabou. En creux, certaines font comprendre qu'elles souhaitent repousser leur première expérience sexuelle au mariage ou au moins à la majorité, parfois en raison d'injonctions sociales, familiales ou religieuses.

Coincées entre deux nouvelles pressions contradictoires : leur famille qui surveille leur intimité, et certains garçons qui ne veulent pas d'une petite copine qui ne couche pas. Elles savent bien que les choses sont moins simples encore : les garçons veulent certes coucher, mais c'est au risque ensuite qu'ils n'aient plus aucune estime pour elles.

Les filles évoquent le décalage des attentes avec les garçons de leur âge. « Les filles qui ont déjà eu des relations sexuelles, souvent elles sont pas représentées. Je pense qu'il y en a, mais elles sont discrètes. Un mec qui l'a fait c'est un champion, alors qu'une fille doit se cacher pour pas avoir une mauvaise réputation. »

Marc et Magali

De petites inscriptions ornent les paillasses du laboratoire de SVT. À côté du robinet jaune et d'un smiley gravé, un dessin de pénis a été tracé au marqueur rouge.

C'est la séance d'éducation à la vie affective et sexuelle, réservée aux classes de troisième. Elle est animée par deux professeures, l'une de biologie et l'autre d'histoire-géo, qui ont reçu une formation *ad hoc*.

L'excitation des élèves est palpable et intemporelle. Les rires bêtes camouflés dans les manches. Le préservatif déroulé sur un tube à essai. Les choses ont-elles changé pour les ados, qui ont grandi avec le porno, les corps dénudés sur les réseaux sociaux mais aussi de nouvelles représentations du plaisir sexuel féminin ?

Pour la première partie de la séance, filles et garçons sont dans deux salles distinctes. Les profs distribuent un texte aux élèves : le scénario d'une histoire entre deux jeunes qui commencent une relation. Marc et Magali décident de passer un samedi après-midi tous les deux, profitant de l'absence des parents. Les enseignants ont écrit le début de l'histoire, à eux d'imaginer la suite. Les filles gloussent, ricanent, posent plein de questions. L'expérience est libre, les profs encouragent les élèves à dépasser leur gêne, à écrire tous les mots qu'elles souhaitent, y compris ceux qui pourraient choquer.

Après une quinzaine de minutes d'écriture en groupe dans un joyeux bazar ponctué de cris, de rires à demi étouffés et de questions lancées à travers la classe – « Madame, quand est-ce qu'ils arrivent, les garçons ? » –, les profs récupèrent les textes. Elles les lisent l'un après l'autre, en préservant l'anonymat de l'élève. Mais il est parfois assez facile de le percer, aux bonds que certaines font sur leurs chaises, ou à la façon qu'elles ont de se cacher derrière leurs affaires. Certains textes sont plutôt fleur bleue, d'autres plus explicites, et un en particulier est d'ordre pornographique. Les professeures ne censurent rien dans leur lecture, plus ou moins impassibles, corrigeant à l'oral les fautes de conjugaison des verbes « bander » et « mouiller » au passé simple. Chaque texte est l'occasion de commenter la situation, les pratiques, les risques, d'évoquer la contraception, les MST… L'un des scénarios, qui décrit une scène où Magali repousse Marc puis finit par « céder et se laisser faire », donne l'occasion d'une discussion autour du viol et de la notion de consentement.

Quand chaque texte a été lu, les filles doivent voter pour leur préféré, celui qu'elles liront aux garçons quand ils reviendront dans la salle. Elles choisissent le plus cru. L'une des autrices explique : « La façon de parler, c'est celle des garçons, on a fait exprès de se mettre dans leur tête. » Comme s'il était finalement plus simple pour elles d'imaginer ce qui pourrait plaire aux garçons que d'imaginer des situations qui pourraient leur donner du plaisir.

Le poids de la rumeur

Après la séance, les deux ados qui ont imaginé ce scénario acceptent de venir nous parler. Leïla commente les propos des garçons pendant le cours, après le rassemblement des deux groupes : « C'est faux, ce qu'ils ont dit. Si une fille suce, elle est traitée de pute, alors que si un garçon se fait sucer, personne dit rien. Je comprends pas : OK, c'est elle qui suce, mais c'est son zizi à lui ! »

Sa copine Zohra nous confie la rumeur « accrochée à son dos » depuis le CE1. Elle sucerait des garçons, aurait des *sex friends* et « nuderait » (enverrait des photos d'elle nue). Au fond, elle nous dit se moquer de cette étiquette – « je calcule pas du tout ». Cette assurance affichée paraît étonnante, mais il est difficile de savoir ce qu'il en est vraiment, d'autant que l'attitude de Zohra en cours d'éducation sexuelle pouvait passer pour de la provocation. « Je suis connaisseuse. Je dis pas que j'ai fait des trucs, mais je suis connaisseuse. »

À côté d'elle, Leïla est beaucoup plus réservée qu'en classe. Après une hésitation, elle nous dévoile qu'elle est l'objet de rumeurs depuis deux ans. Le garçon qu'elle aimait a balancé qu'il s'était « passé un truc ». « Avec lui, j'ai pas niqué, j'ai fait autre chose… J'étais trop amoureuse de lui, mais j'ai été bête. Ça m'a déçue de lui et de moi-même. Franchement, sincèrement, j'en avais pas envie en plus… Je dirais pas qu'on m'a forcée, mais ça me dégoûtait de le faire. Je l'ai fait par amour, on va dire. » De cette mauvaise expérience, Leïla a tiré une leçon : « Il faut pas aller le faire avec quelqu'un qui a trop la bouche, qui va aller parler. »

À plusieurs reprises, nous demandons aux collégiennes si elles ont déjà vu des images pornographiques. Spontanément, Leïla affirme que non. Finalement, elle évoque le visionnage d'une *sextape* dans laquelle elle a reconnu une fille qu'elle connaissait. « Le garçon a filmé et fait tourner la vidéo, dans le but de faire une réputation à la personne. » Leïla a prévenu la fille en question. Ces images, ce sont souvent les garçons qui les mettent sous les yeux des filles, en brandissant l'écran de leur téléphone. D'après Serena, ils passent leur temps à en regarder, certains même pendant les cours. « Je me dis que c'est notre génération, ils sont tous tarés. » Alaïa, elle, a toujours refusé d'en visionner, parce qu'elle sait que celles-ci représentent avant tout le plaisir masculin. Elle regrette qu'on ne parle jamais du plaisir féminin. D'après elle, c'est « le sujet le plus tabou » quand on est adolescente. « Même si on a déjà pris du plaisir, je connais aucune fille qui le dise. Les garçons, eux, ils parlent tout le temps de masturbation… C'est abusé tellement ils en parlent. Ils font tout le temps des blagues dessus, ils nous racontent tout en détail. »

En classe de quatrième, Nacira a appris l'existence du clitoris, grâce à sa professeure de SVT. « Elle nous a précisé qu'il y avait un organe spécialement dédié au plaisir féminin. Et ça, si la prof nous l'avait pas dit, on l'aurait pas su. Parce que, sur les schémas, il n'y est pas forcément. »

Une évolution réjouissante : quinze ans plus tôt, il aurait été impensable de mentionner le clitoris en cours.

Vivre sa vie

Vendredi, fin d'après-midi. La nuit tombe rapidement sur la cour. Les couloirs se vident, les derniers élèves se séparent devant la grille.

Nous traînons un peu dans les couloirs pastel. Nous aurions aimé suivre les filles hors du collège, mais leurs situations familiales sont souvent compliquées. Ces adolescentes sont bouleversantes. Par leur courage, la confiance totale qu'elles nous ont accordée, leur capacité à se confier sans filtre, sans détour. Par leurs histoires, leurs parcours parfois sinueux et leurs espoirs que rien n'entame vraiment.

La plupart d'entre elles restent pleines de rêves et d'optimisme. Elles veulent devenir « actrice à Los Angeles », « ambassadrice à l'ONU », « grande avocate réputée dans le monde », « styliste de renommée internationale », « architecte », ou encore « mannequin influenceuse comme Kylie Jenner ». Certaines ont des rêves qui semblent plus accessibles : « avoir le brevet, le bac, le permis le plus tôt possible, vivre ma vie ».

Au moment de passer le portail, nous repensons à Zohra, grande gueule en classe, qui nous confiait un peu plus tôt, presque en chuchotant : « Moi, comme beaucoup d'adolescents, je sors en douce. J'habite au rez-de-chaussée, du coup je passe par ma fenêtre pendant que mes parents dorment… Je sors pas loin, je vais juste me poser écouter de la musique dehors. Il y a personne. Je me sens bien, je me sens libre. »

CHAPITRE 5

C'est qui, le patron ?

Quartier d'affaire de La Défense (Hauts-de-Seine)

Le quartier de La Défense s'observe souvent de loin. Depuis l'est de la capitale, les gratte-ciel, géants de verre et de métal, dessinent une ligne d'horizon crénelée. Comme beaucoup de Parisien.ne.s, nous ne nous étions jamais rendues dans cette place forte où EDF, Allianz, Total et plus de soixante-dix tours accueillent les salarié.e.s des entreprises incontournables de l'économie française. Pourtant, une fois sur place, les formes géométriques bizarres, l'agencement millimétré sécurisant et la victoire sur la gravité nous fascinent.

Les buildings sont intimidants, à l'image des hommes qui y évoluent. Dans ce lieu de l'exercice du pouvoir masculin – à la tête des entreprises du CAC 40, on ne compte à ce jour que trois directrices générales –, tout est cossu : les vestes à la coupe élégante, les enseignes internationales, les œuvres d'art contemporain...

Il est 9 h 30 et des vagues humaines se succèdent au fur et à mesure de l'arrivée des métros et RER. La sensation d'anonymat semble rivaliser avec celle d'être quelqu'un, d'appartenir à un petit club. Le club de ceux qui travaillent à La Défense. Au-dessus des têtes, des manches à air, comme sur l'autoroute, indiquent le sens du vent. Après tout, on n'est pas si loin du trafic de l'A4 un week-end de chassé-croisé. À ceci près que ces œuvres ont été créées par l'artiste Daniel Buren. Les vents saturent nos micros, ceux aussi que nous ont opposés les hommes à qui nous nous sommes adressées, ceux qu'ils brassent, pour se donner l'air important. Nous ne sommes pas dupes. Les vents, comme un silence assourdissant.

Un homme, quarante ans environ, s'agite. Il fait les cent pas. Malgré tout, sa coiffure reste impeccable. Il est au téléphone et semble dévoiler les ficelles d'une opération sensible à un confrère. « Ce que tu dois faire, c'est souscrire en France. Attends, pour monter ça, il faut que tu aies une discussion avec Zurich. Pourquoi je te dis ça ? Parce que j'ai eu un dossier et, ces connards, je leur avais clairement dit qu'une holding était OK, j'avais remis les cotations et ensuite ils m'ont dit : on peut pas. » Anglicisme et acronyme donnent le ton : ici, il faut souvent demander des explications.

Nous souhaitons rencontrer des patrons. Percer la carapace du costume. Recueillir une parole que nous espérons complexe et subjective, loin de la caricature. Nos imaginaires sont nourris d'une représentation négative de ces hommes pressés. Dans la culture populaire, ils ne sont jamais heureux : le businessman cafardeux de *Starmania*, le magnifique Gatsby au cœur brisé, la chute du *Loup de Wall Street*... Nous identifions ces individus à un personnage. Nous venons faire tomber les masques.

Admettons-le : nous fantasmons cet univers que nous ne connaissons pas. Nous ne croisons ces messieurs qu'en traversant le wagon de première classe du TGV. Chez nous, pas l'ombre d'un homme d'affaires. Nos pères, comme nos grands-pères et nos arrière-grands-pères, faisaient des métiers manuels. À la rentrée des classes, au moment de remplir les fiches de renseignements, l'une trichait et remplaçait « électromécanicien » par « informaticien » – ça faisait plus cérébral –, et l'autre indiquait honteusement « fraiseur », en pensant aux fruits, sans savoir de quel métier il s'agissait. Curieux sentiment que celui de la honte : à la maison les cols blancs sont orgueilleusement raillés, « ils ne savent rien faire de leurs dix doigts ». Rien à leur envier, donc, ou presque. Dans la réalité, leur statut, leur assurance et leur confort font rêver. Une ambivalence qui nous laisse boiteuses. Difficile d'abandonner la fierté vengeresse des petites mains que nous avons bien connues. Il va falloir lutter contre le sarcasme, les propos acerbes et hargneux et aller au-delà des représentations. Les slogans de manifestations contre le capitalisme et le patriarcat, ça sera pour un autre jour.

Pourquoi ont-ils eu envie de gravir les étages de la tour ? Ont-ils au moins des doutes ? Quand on est le chef, peut-on les partager ? Chef ici, et partout ? Quel temps pour leur famille ?

C'est avec tout cela, telles des fourmis bien chargées, que nous nous dirigeons vers la Société générale – deux tours de 167 mètres, tout de même. Des hommes à large cravate rouge font une pause autour d'une cigarette. Ils ont l'air importants. Ils coupent court, goguenards. Ils n'ont pas le temps, pas même trente minutes. Et ils ne sont, de toute façon, pas patrons.

Un jeune homme rejoint le groupe. Lui se réjouit de répondre à nos questions. Mohamed effectue son stage de fin d'études dans la banque. Pas de costume mais une chemise et un pull à col rond, « pour rester corpo ». La cravate, ça n'est pas son truc, « ça l'étouffe ». Il débite son parcours, sa voix est un peu nasale, il engloutit les syllabes avec un enthousiasme contagieux. Nous nous éloignons du chahut et nous installons dans un parc. Des rires d'enfants nous accompagnent. Un son qu'il préfère au « brouhaha difforme » qui résonne sous la Grande Arche.

Investir sa vie

Mohamed a grandi au Maroc. Sa mère est fonctionnaire. Son père, « le chef de famille, dans le sens où il a le pouvoir pécuniaire et autoritaire », est directeur général d'une grande entreprise – « il a réussi à monter les échelons », précise-t-il, évacuant aussitôt le spectre d'une place indûment héritée. Il voulait la meilleure éducation pour ses enfants, et pour lui, c'est l'école française. Il a gagné de l'argent pour sa famille et fait en sorte d'envoyer ses quatre enfants faire des études supérieures en France. « Une chance » qui n'est pas sans attentes. « Il n'y a aucun tabou par rapport à ça. Mon père m'a un jour qualifié d'"investissement". » Il ponctue ses phrases de petits rires à la fois enfantins et réfléchis.

Après son baccalauréat, Mohamed s'est inscrit en classe préparatoire, a poursuivi avec des études de finance, « le choix le plus rentable car les études ne sont pas gratuites en France quand tu es étranger ». Il annonce cela sans ressentiment ni colère. L'argent ne peut être une inconnue dans l'équation, et ses études sont effectivement fructueuses : en tant que stagiaire, il touche 1 900 euros brut par mois. À vingt-quatre ans, avant même d'être embauché, il perçoit un montant proche du salaire médian français.

Il vit donc confortablement, bien que son argent ne lui serve « pas à grand-chose, en fait ». Les principales dépenses sont affectées aux sorties et livraisons de repas à domicile. Il économise ce qui lui reste pour acheter un appartement, un projet qui lui semble cependant lointain et flou. « Le mec riche, c'est celui qui en soirée vient te parler de lui et de la start-up qu'il a montée pendant trente minutes, tu t'en fous mais il parle. Je ne connais aucune fille qui fait ça. Chez ces gars, le robinet d'argent coule à flots, ils jouent au jeu de la vie en mode facile. J'ai eu la chance ou la malchance de côtoyer beaucoup de gens de ce milieu. » Pas une once de jalousie dans sa voix. Mohamed a intégré qu'on ne naissait pas tous égaux. Pour lui, ça n'est pas le capital de départ qui compte, mais ce qu'on en fait.

En stage, Mohamed crée des produits qui peuvent plaire à des épargnants ou à des institutions qui ont de l'argent à placer. Comprendre les enjeux financiers lui permet de saisir un peu mieux les rouages de ce monde, mais ce travail n'a jamais été une vocation. Petit, il voulait être président, et journaliste. « Puis voilà, j'ai perdu mes rêves. » Il accepte son sort sans se rebeller, voit le verre « à moitié plein ». « Moi, je ne défends pas grand-chose au final, je n'ai pas spécialement de valeurs auxquelles je suis particulièrement attaché. » Ce ne serait donc pas si grave d'avoir perdu ses rêves ? Il suffit de regarder ailleurs. Mais à quel moment le verre à moitié plein se vide-t-il ?

Patron malgré tout

Nous nous dirigeons vers un des hôtels de luxe situé à La Défense. Assis sur un muret, Yacine et son collègue Derek sirotent un café, ils sont plombiers chauffagistes. Le prix des chambres de l'hôtel, entre 300 et 1 000 euros – l'équivalent de trois ou quatre jours de salaire –, les fait bien rire : « Payer ce prix pour une installation pareille ! » Cet argent, s'ils l'avaient, ils le mettraient de côté « comme tout bon Français qui cotise », partiraient en vacances, ou feraient plaisir à leur mère.

À l'hôtel, les plombiers regardent les clients passer. Yacine rit jaune. « On sait d'où vient leur argent », laissant entendre que ces types s'enrichissent en exploitant les autres. Yacine et son collègue gagnent un peu plus de 2 000 euros par mois « sans congés payés ni primes », car ils sont intérimaires. Cela offre un peu de souplesse, « mais il faut gérer son budget ». Pour être riches, il leur faudrait gagner selon eux « 4 000 euros, tous les mois pendant trente ans ! ».

Les contrats d'intérim leur permettent de choisir les entreprises avec lesquelles ils travaillent. « Si mon chef est prêt à mettre en jeu ma vie pour un travail, je lui dis : "Au plaisir de ne jamais se revoir", et je vais ailleurs. » Il peut trouver des missions du jour au lendemain, « grâce à la qualité » de son travail. « Il y a des chefs qui n'en ont rien à foutre. Ils nous envoient au charbon parce qu'il y a du retard. Ils laissent les risques de côté et envoient les bonshommes à l'action. Tout le monde a la pression sur le chantier et ça fait des accidents. » Une fois, il y a eu un mort. « Il était à 200 mètres de moi au maximum. Ils l'ont juste protégé avec des banderoles et nous, on a continué à travailler. Et ça, c'est pas humain, pour moi. » Les ouvriers ont en effet cinq fois plus de risques de mourir au travail. En France, 661 personnes sont mortes au travail en 2023 selon l'Organisation internationale du travail. Les hommes représentent 90 % des victimes.

Malgré tout, il adore son métier. Il a commencé par une formation en mécanique qui l'a peu intéressé et qu'il n'a pas finie. Grâce au soutien de sa mère qui l'aide « sur la discipline de la vie », il a découvert la plomberie.

Tel que nous nous le représentons, Yacine est le genre d'homme à plancher toute la nuit sur un coin de table mal débarrassé pour aménager la chambre du petit qui grandit, ignorant les appels de sa femme à venir se coucher. À tracer sur le papier des calculs épars et cryptiques, bien loin des PowerPoint verbeux.

À cela près que Yacine a des « milliers de neveux » mais pas d'enfant. Il y pense. Il veut acheter sa propre maison pour « changer cette vie », pour lui, ses proches et surtout pour ses « futurs ». Il ne veut pas qu'ils grandissent comme lui en HLM, même si, précise-t-il pour ne pas avoir l'air ingrat, « l'État aide beaucoup les citoyens en France ». C'est pour ça qu'il veut devenir patron. Il le sent, son avenir « n'est pas loin d'être autoentrepreneur ». « J'ai deux pieds, deux mains, je peux agir. Je ne suis pas assez stupide pour rester comme ça. Moi aussi, j'ai envie de rêver. J'en ai marre de regarder et de subir. Je ne veux pas mourir juste après ma retraite et me dire : "Bravo, Yacine, tu as contribué toute ta vie pour ce patron. J'espère qu'il a bien réussi son rêve et toi, tu vas mourir comme un charlot." »

Tout à coup, il corrige son langage, marque les négations. Il veut être sérieux. Quand il sera patron, il paiera correctement ses salariés. « Je montrerai le devis de chaque chantier qu'on fera. Tout sera noir sur blanc, il n'y aura rien de caché. Ça, c'est une idée que j'ai », « J'aurai vraiment le sentiment de ne pas voler, ni d'exploiter, ni d'user de qui que ce soit en rentrant chez moi. En fait, ce sera équitable ».

Travailler dans les tours, est-ce que ça le tenterait ? « Non, non, non ! Enfin… » Il marque une pause. « Sauf si on me donne 4 000 euros par mois pendant dix ans ! Dans ce cas, je nettoie le sol et les toilettes ! »

Nous le saluons. Sa main nous rappelle d'autres poignes calleuses familières. Ces paumes comme des battoirs qui ont peu servi pour langer, biberonner, corriger les dictées. Mais qui ont dit « je t'aime » en traçant un plan de cuisine sur un ticket de caisse. En conduisant un monospace. En portant une machine à laver. Des mots d'amour en langue des signes qu'il faut savoir déchiffrer.

Rendez-vous manqué

En dépit des heures passées à La Défense, nous n'avons trouvé aucun grand patron. À défaut de le croiser sur place, nous mobilisons notre réseau. Le père de l'une d'entre nous connaît « un gros bonnet ». Nous le contactons par texto pour lui faire part du projet. Dans la seconde qui suit, Hubert nous appelle, exaspéré : « Vous pensez vraiment que je vais vous répondre avec un message comme ça ? » Nous sollicitons des personnes tous les jours. C'est notre métier. Quel est donc le problème ? « La taille », nous répond-il ! Notre interlocuteur nous explique que les gens n'ont pas le temps de lire des messages aussi longs mais lui en prend, en revanche, pour nous expliquer notre travail et nous proposer un rendez-vous, selon ses conditions. Son chauffeur nous retrouvera à la gare RER et nous conduira chez lui. Échaudées, nous négocions. L'entretien devra se faire à la radio. Suite à un « problème personnel », il annule.

Les rêves ou la bourse

De retour à La Défense, une pancarte nous interpelle. Elle indique la *Maison de l'amitié*. L'ambiance n'est plus du tout la même que sur le parvis. Devant le local de l'association, des dizaines de personnes, des hommes en majorité, équipées de gros sacs à dos, font la queue. Certains rigolent entre eux. Un autre est à l'écart, enfoui dans des vêtements trop grands pour lui. La *Maison de l'amitié* est une structure qui accueille des personnes en grande précarité et qui propose des services « de première dignité » : se nourrir, se vêtir et se laver. Nous échangeons avec Philippe, un habitué. Il vient tous les matins à 8 heures. La Défense sonne dans sa bouche comme « défonce ». Ce n'est pas qu'il aime le quartier, « qui fait un peu petit Manhattan », mais l'association lui permet de prendre un petit déjeuner « amélioré ».

Philippe, aujourd'hui retraité, a travaillé pendant vingt-cinq ans dans l'administration, une carrière dont il n'avait pas rêvé. Malgré cela, sa pension – à savoir le minimum vieillesse, car il n'a pas atteint le nombre de semestres requis – n'est que de « 900 euros et quelques ». Alors il se demande si cela valait vraiment le coup. À Colombes, où il habite, « c'est comme à Paris, on ne peut pas vivre avec 900 euros, si on a un loyer à payer ». Ses débuts professionnels ont été balbutiants. Il n'a pas cotisé et en fait aujourd'hui les frais.

Plus jeune, son « virus », c'étaient les sports mécaniques. Un univers selon lui trop fermé, réservé aux « fils à papa ». Il n'avait pas les moyens, il se contentait de regarder les grands prix à la télé. « En France, il y a un système de parrainage un peu général. Ça vous laisse un goût amer quand vous regardez derrière vous ce que vous n'avez pas pu faire. » Sa passion est devenue chimère. « Je n'ai pas fait les bons choix », nous confie-t-il dans un souffle.

Au-delà de l'aide alimentaire, la Maison de l'amitié lui permet d'avoir « un semblant de vie sociale ». C'est plus facile avec des personnes « qui ont connu des problèmes ». Ses amis d'enfance se sont éloignés. Ils ont construit des familles et trouvé une stabilité professionnelle. « Ils ont peut-être peur que je les tape », « ou peut-être que je leur casse la tête avec mes problèmes de pauvre ».

C'est sûr, leur situation financière lui fait envie. « Mais pas leur style de vie. Je suppose qu'il y a beaucoup de gens en costard cravate qui préféreraient vivre à la campagne ou monter leur entreprise... »

Il est 14 heures quand nous regagnons l'Arche de La Défense, comme on la nomme. Inaugurée en 1989 pour célébrer le bicentenaire de la Déclaration des droits de l'homme et du citoyen, elle fut conçue par ses architectes comme une version contemporaine de l'arc de triomphe de l'Étoile et consacrée aux idéaux humanitaires plutôt qu'aux victoires militaires. Son nom entier est la « Grande Arche de la Fraternité », mais le registre guerrier a pris le dessus.

Homme de ménage

Le tumulte reprend son cours, c'est l'heure de retourner au bureau après la pause déjeuner, et donc pas la meilleure pour solliciter un entretien. Les mots de Philippe résonnent en nous. Quelle place donner à demain ? Vouloir vivre de sa passion, est-ce nécessairement un caprice ? Nous errons sur la dalle. Un homme, la cinquantaine, accepte de nous donner sa carte. Sur le papier, nous lisons : « *partner* ».

Selon Consultor, un média indépendant spécialisé dans le conseil en stratégie, *partner* est le plus haut poste d'un cabinet de conseil. D'après ce même média, ce « système de progression poussée par l'*up or out* » permet de maintenir les consultants à la fois « motivés et sous pression ». Touchons-nous enfin au but ?

Rendez-vous est pris. Frédéric est *partner* et nous explique, d'un ton professoral, qu'en français on parle d'« associé ». Ce statut peut être acquis en fonction de la maturité et de la valeur ajoutée que le collaborateur apporte aux clients.

Il travaille pour un cabinet spécialisé en transformation digitale et son rôle est de trouver de nouveaux projets. Frédéric ne souhaite pas communiquer son salaire. Il botte en touche : « Le référentiel est personnel. » Peut-il au moins nous indiquer ses gros postes de dépense ? « Trente pour cent pour les impôts, puis le logement, les vacances et les études des enfants. »

Un entrepreneur-né : depuis tout petit, il rêve de monter son entreprise. Il admet que « certains trouvent ça bizarre », d'autant que « ça n'est plus trop à la mode ». « Partir d'une feuille blanche et développer un business », c'est son dada. Il ne l'a jamais fait pour lui-même. Il est joueur, compétiteur, mais précise : « En bourse, quand ça dégringole, je suis mauvais perdant. »

Il rêvait d'aisance financière pour acheter « une voiture, un appartement puis un avion ». Alors quand on lui propose, pour un salaire deux fois plus élevé, une mission à haut risque, il fonce. C'est un travail de nettoyage, aussi qualifié de *cleaner* : il consiste à restructurer une société qui se retrouve en difficulté. À un moment donné, « il faut savoir sacrifier quelques personnes pour sauver l'entreprise ». Et pour cela, on le félicite de « son bon travail ».

Mais à la fin de sa mission, cette même entreprise l'a à son tour licencié.

Nous lui exprimons notre empathie. Il rebondit : « Il n'y a pas de raison d'être désolé, c'est la vie, la société est ainsi à date, il faut faire avec et s'adapter. » Comme si la société était extérieure à lui, à nous, comme si nous n'avions aucun pouvoir. Un licenciement, un coup du sort et rien d'autre ?

Comme si assumer une forme de lucidité (ou de cynisme) permettait à celles et ceux situé.e.s tout en haut de l'échelle sociale de renoncer à jouer un rôle au sein de la société.

Difficile de percer la carapace du costume, Frédéric en est la preuve. À force de chercher le patron, nous en avons oublié l'homme. Sans doute a-t-il senti que nous avions des choses à revendiquer malgré nous, des choses à questionner aussi, de ce qu'il incarne, de la place qu'il occupe. Frédéric s'est protégé des comptes qu'il aurait eu à rendre. À chacun.e sa stratégie de défense.

Ici plus que nulle part ailleurs, dans ce centre névralgique de l'économie, l'évitement est une tactique, un mode de survie, peut-être. Finalement, Frédéric est le seul cadre que nous ayons rencontré. Stagiaire, ouvriers, bénéficiaire de la soupe populaire et même un jeune réfugié : autant de personnes avec lesquelles nous avons, en revanche, pu ou su échanger. Car nous savions que leur parole trouverait à s'enfouir dans les balafres de notre colère : colère contre le labeur qui écourte les vies, contre l'apathie rapace de quelques-un.e.s qui conduit à l'indigence des autres – toutes ces oreilles sourdes aux revendications de celles et ceux qui aspirent à plus d'égalité.

CHAPITRE 6

Montreuil-sur-mère

Place du marché de Montreuil-sur-Mer (Pas-de-Calais)

– *Courgettes,*
– *Tomates,*
– *Carottes,*
– *Fromage de chèvre,*
– *Mirabelles,*
– *Nectarines,*
– *Saumon,*
– *Viande (rôti de porc?).*

Sur l'envers d'une enveloppe, une liste de courses griffonnée. Des ratures puis des écritures qui témoignent d'un mémo rédigé à plusieurs mains. Mais celle qui pousse aujourd'hui et tous les samedis matin le Caddie, c'est toujours la même personne. Pierrette fait la queue devant l'étal du primeur, la vendeuse connaît ses habitudes. Après le décès de sa mère puis de son mari, c'est désormais pour son fils – revenu s'installer chez elle après un divorce – qu'elle fait les courses. Pour lui qu'elle fait à manger. Pierrette a quatre-vingt-un ans et a toujours vécu à Montreuil-sur-Mer, dans la ville basse. Il faut monter une sacrée côte pour arriver jusqu'à la ville haute et ses remparts. Ça ne la décourage pas, les fruits et légumes sont ici meilleurs qu'au supermarché.

Femme discrète, sourire dans la voix, le corps tassé par l'âge, Pierrette a travaillé une partie de sa vie dans un lycée jusqu'à la naissance de son fils. À ce moment-là, les horaires tardifs que lui imposait son métier ont posé problème. Surtout à son mari qui devait s'occuper de leur garçon après sa journée de travail. « Il s'est mis en colère et m'a dit de quitter mon poste. » Pour le soulager, Pierrette a pris un autre travail avec des horaires de mère, un poste plus pénible que le précédent. « J'ai travaillé en buanderie à l'hôpital. Je repassais toute la matinée ! » Les heures à faire chauffer le fer sur des blouses en coton furent sans conteste longues et éprouvantes.

Pierrette fait partie de cette génération de femmes à avoir gagné massivement le marché du travail durant les Trente Glorieuses. Travaillez pour vous émanciper, leur disait-on. Travaillez pour gagner votre liberté, pour faire comme les hommes. Elles y ont cru. Travaillez aussi pour nourrir les enfants. Mais qui s'en charge des enfants, quand elles travaillent ?

Sur la place du marché, beaucoup d'autres femmes tirent leur Caddie comme Pierrette. Pour certaines, ce moment est un bol d'air frais arraché au quotidien, l'occasion de « tailler une bavette » avec des voisines, comme dit Pierrette. Pour d'autres, c'est juste le prolongement de la semaine à courir après le temps, clé de la voiture et téléphone dans une main, portefeuille dans l'autre. Le panier lesté, une démarche boitillante, la colonne vertébrale penchée. À force de porter, les courses, les enfants, les paniers de linge, le corps ne sait plus où trouver son centre de gravité.

Les étals multicolores laissent imaginer des recettes qui feront plaisir à la famille. Celles qui inondent les réseaux sociaux et font à la fois rêver et culpabiliser les mères. Parce que, après des heures passées en cuisine à varier les apports en légumes, protéines et féculents, pour que les assiettes soient finalement repoussées de la paume de la main, beaucoup abdiquent. À juste titre. Le classique coquillettes-jambon, lui, ne fera pas de restes. Et il laissera un peu de temps aux mères. Pour une autre tâche ménagère, ou ne rien faire si elles ont de la chance. « C'est qu'il faut les nourrir, ces bêtes-là », disaient nos grands-mères, souvent mères au foyer ou aux prises avec d'autres bêtes dans les champs. Nourrir, ce devoir millénaire qui n'a pas évolué quand les femmes ont quitté la maison pour l'usine. Qui les poursuit même après l'invention du lait industriel. Comment faire aujourd'hui, après huit heures de travail ? Comment trouver sa place sur le marché de l'emploi quand ce sont encore les mères qu'on appelle en premier lorsque l'enfant est malade, qu'il faut quitter son poste pour venir le chercher à l'école ? Et comment bien faire son métier rémunéré tout en accomplissant celui de mère ?

D'ailleurs où sont-elles, ces femmes qui ont le temps de cuisiner de jolis repas verts pour leur progéniture, de se maquiller chaque jour, de coiffer leurs beaux enfants, tout en menant une brillante carrière ? Elles sont sur

Instagram, dans nos écrans, mais sont-elles au marché de Montreuil-sur-Mer ?

Au moment où nous nous sommes rendues à Montreuil-sur-Mer, nous étions des filles qui travaillent, avec du temps. Puis l'une d'entre nous est devenue une mère qui travaille. Et les paroles recueillies ont pris un tout autre sens. Nous nous étions concentrées sur une seule dimension du travail, sans voir que ces femmes qui nous parlaient avaient plusieurs métiers, pas toujours rémunérés, dont parfois celui de la maternité. Ça nous avait échappé. Celle d'entre nous qui l'entend et le vit aujourd'hui sera parfois présente dans cette histoire. Parce que ce récit, c'est aussi celui de lignes écrites dans l'urgence le temps des siestes d'un bébé, de mots rédigés au lieu de se reposer pour ne pas s'effondrer. D'une culpabilité, celle de laisser une autre femme s'occuper de son enfant pour écrire cette histoire, plutôt que de passer du temps à lui parler, la nourrir, la sentir. La culpabilité de choisir de travailler plutôt que d'accomplir son devoir de mère.

À la place des grands hommes

Clémentine nourrit elle aussi les gens. Des touristes et des habitant.e.s du bourg. Pas par devoir maternel mais par tradition filiale. À trente-trois ans, elle a repris la brasserie familiale qui donne sur cette place où les commerçant.e.s s'installent tous les samedis. Clémentine aime sa ville et son marché agité avec ses vendeurs de poules, de nems, son poissonnier, et autres vendeuses de blouses pour mémés qui bientôt ne trouveront plus preneuses. Sur le marché, il y a aussi son frère, maraîcher. Avec Clémentine, la famille n'est jamais loin. Depuis six générations, elle occupe les murs. Des portraits, des plaques, des sculptures. Dans ce restaurant, travail et famille, tout s'imbrique et se mélange.

La vie de Clémentine, c'est son boulot. À tel point qu'elle habite dans l'appartement juste au-dessus de l'établissement. Plus pratique pour accueillir les fournisseurs et donner un coup de main aux employé.e.s en cas de coup de bourre. De sa fenêtre, on aperçoit la terrasse de la brasserie, le son d'une bande de copains qui trinquent parvient jusqu'à nous.

Clémentine est assise en tailleur, une cigarette à la main. Voix rocailleuse, le style franc des bosseuses de la restauration pour qui le travail bien fait est une religion. Avant elle, c'est son arrière-grand-mère qui occupait ce logement. La famille, toujours. Selon la légende, Clémentine serait la réincarnation de son aïeule dont elle a hérité ses grands yeux bleus. « On me perçoit comme un petit bout, je suis une petite blonde qui court un peu partout et qui sourit tout le temps. »

Clémentine est la première fille « de sa lignée » à travailler au restaurant. Avant elle, des hommes, des grands hommes, tous au-dessus de 1,90 m. Son gabarit, elle le perçoit comme un handicap pour « imposer un certain respect » en tant que patronne. Une petite blonde pour reprendre cette affaire, ça en a fait douter certain.e.s dans le bourg. On l'attendait au tournant. Alors pour gagner le respect, à défaut d'imposer un corps important, costaud, viril, elle a dû « travailler, travailler, travailler. Ma stratégie, ça a été de faire la même chose que mes employé.e.s. Ça passe aussi par les corvées, nettoyer les toilettes, passer la serpillière ». Travailler plus pour prouver qu'elle peut égaler les grands hommes avant elle. Pour ne plus être seulement la fille de la famille. En courant, en sautant partout. En mettant de côté sa vie privée, sa vie amoureuse. Pas le temps pour ça, les horaires décalés de la restauration ont eu raison de plusieurs relations dans le passé. « J'ai choisi : mon travail sera plus important que ma vie personnelle. C'est ça mon pilier. » Est-ce que les grands hommes de sa famille ont dû faire ce choix, ces sacrifices ? Pas sûr.

Clémentine vit avec son chien et beaucoup d'ami.e.s. Son appartement est un vrai moulin, toujours quelqu'un pour rester dormir après un apéro arrosé. Dix brosses à dents dans un verre posé sur l'évier de sa salle de bains témoignent de cette colocation tournante. « Je partage ma douche avec beaucoup de monde ! Je suis comme mon papa, on aime être toujours au café avec les copains, manger et boire un verre. »

Le travail, le restaurant : une priorité aussi pour ses parents. Son père derrière le bar, sa mère en cuisine. Pas de vacances en famille, le dîner et le coucher en tête à tête avec son petit frère. Tou.te.s les deux à se débrouiller, tout le temps. Ce qui lui a le plus manqué, nous avoue-t-elle, c'était l'histoire du soir. Clémentine dit avoir « un peu » souffert de cette situation. Mais la colère qu'elle ressentait enfant s'est évanouie. Elle garde de cette absence parentale le bonheur d'une relation fusionnelle avec son frère. « Je suis très contente d'avoir eu cette vie-là. Si je devais avoir des enfants, j'aimerais bien que ça se passe comme ça. »

Pas d'amoureux dans la vie de Clémentine, pas d'enfant non plus. Pour toujours ou pour le moment, ça n'est pas très clair. Elle dit dans la même phrase : « Ça arrivera quand ça arrivera » et « Ce n'est pas mon objectif de vie, je ne changerais ma vie pour rien au monde ». Au cours de notre discussion, elle se prend à imaginer le quotidien avec un enfant. Elle parle au présent, c'est déstabilisant. Il semblerait qu'elle ait déjà bien étudié la question. C'est que Clémentine a déjà vécu la parentalité, mais annexe, comme « belle-mère » pendant cinq ans. De son enfance puis de cette expérience, elle sort avec cette réserve pour la parentalité du quotidien.

« Je n'ai jamais été à table avec mes parents, et pourtant il y a toujours eu énormément d'amour. Je ne pense pas que j'aurais plus aimé ma mère si elle m'avait fait prendre mon bain. Je ne pense pas que mon enfant va plus m'aimer parce que je lui ai fait à manger. »

À la réécoute de cette dernière phrase des années plus tard, un fusible saute dans notre tête. Comme un pétard lancé trop près de l'oreille. Est-ce qu'on se trompe ? Est-ce qu'on aurait le droit de s'affranchir de la maternité au quotidien ? Est-ce une erreur de culpabiliser quand on n'est pas présente pour le repas un soir dans la semaine ? Mais pourquoi faire un enfant si ce n'est pas aussi pour l'accompagner au quotidien ? Pas facile de s'y retrouver pour les mères abreuvées d'injonctions contradictoires sur ce que devrait être leur lien avec leur enfant. Être présente mais « trouver du temps pour soi », sécuriser son enfant mais « ne pas oublier ses désirs, ses rêves ».

Clémentine imagine un autre modèle nourri de l'exemple de sa mère. Une vie avec un enfant où elle travaillerait au restaurant pendant les moments « pénibles », les devoirs, le repas, le bain, le coucher. Et où elle pourrait profiter, le reste du temps, des « vrais moments pour faire des choses ensemble », avec quelqu'un d'autre qui s'occuperait du « petit quotidien ingrat ». Elle dit cela sans préciser qui.

À la recherche du temps libre

Dans la région, le secteur de l'emploi est miné. Le tourisme fait vivre Montreuil et ses environs en partie grâce à la restauration et l'hôtellerie. Mais les emplois stables sont rares, encore plus pour celles qui ont dépassé la cinquantaine.

Sandrine a fêté l'année dernière ses cinquante ans et enchaîne les contrats précaires aux acronymes et conditions d'admissibilité qui changent tous les ans. En ce moment, elle occupe un CDD d'assistante administrative à mi-temps à la mission locale. Elle ne coûte pas cher à son employeur mais apprécie son travail.

Elle nous reçoit chez elle, dans un village près de Montreuil. Une maison mitoyenne, un garage et une allée bordée de buissons, une zone pavillonnaire, ça aurait pu être un rêve s'il ne s'agissait de logements sociaux. « Malheureusement, on ne sera jamais propriétaires. Mais j'ai une maison et un jardin pour mes petites-filles, c'est le principal ! »

Elle garde sa petite-fille de trois ans, qu'elle couvre de baisers. Nous nous installons à la table à manger. L'enfant reste sur les genoux de sa mamie qu'elle écoute attentivement. Son mari Franck est là aussi et s'assoit avec nous. Malgré sa discrétion, il a envie de parler de son emploi, qu'il va perdre dans quelques mois. Un licenciement économique qui va mettre le couple à rude épreuve, d'autant que le contrat de Sandrine va prendre fin dans quelques mois également. En CDI depuis trente-trois ans, c'était lui le pilier financier du couple. « Il a cinquante-six ans, on va faire comment maintenant ? » Leur situation financière ne laisse pas place aux imprévus : la semaine dernière, les deux voitures sont tombées en panne, « il ne faudra pas que ça nous arrive quand on aura perdu nos emplois ».

Sandrine énonce la liste des métiers qu'elle a exercés : caissière, conseillère financière, conseillère en prêts immobiliers et restructuration de crédit, vendeuse en boulangerie, manutentionnaire en usine, chauffeuse, secrétaire aux impôts… Un CV qui laisse deviner la multitude de contrats accumulés. Ici, il y a de l'emploi, mais précaire : « J'ai toujours été habituée aux contrats courts, j'ai eu très peu de CDI. » Elle pourrait bien travailler comme employée agricole pour ramasser les pommes de terre, mais un problème de santé l'empêche de faire des métiers trop physiques, « sinon j'y serais allée ».

Sandrine se plaît dans le travail administratif : une table, un ordinateur, des dossiers, et elle est heureuse. « Classer des documents, tout le monde trouve ça ingrat, mais moi j'adore. »

Son rêve ? Décrocher un trente-cinq heures en CDI et gagner le smic. Rien que ça. Ce contrat de rêve, elle l'attend toujours, depuis peut-être trop longtemps. « On n'est pas des chiens. On a le droit d'exister, on a le droit d'avoir un travail. »

Sandrine est en colère et fatiguée. Fatiguée de compter ses sous, fatiguée d'attendre un CDI qui n'arrivera peut-être jamais, Sandrine est en souffrance. Physique et psychologique. « Je consulte un psychologue parce que j'en peux plus, parce que j'en ai besoin. Je n'ai pas peur de le dire. Mais je n'ai pas envie d'aller voir le psy toute ma vie, j'en ai marre. »

Elle a une faim de travailler, pour gagner de l'argent et peut-être pour ne pas trop penser : « Je ne suis pas une femme d'intérieur, je ne peux pas rester là à briquer ma maison toute la journée. Il faut que ça bouge, il faut que je m'occupe l'esprit, j'ai besoin de me sentir utile. Quand je travaille, je me sens vivante. Ce n'est pas facile, mais je me sens vivante. J'arrêterai de travailler quand je ne pourrai plus tenir debout ou alors si je deviens riche. »

Dans son CV, il y a aussi des blancs. Elle a arrêté de travailler une première fois pour s'occuper de son fils atteint d'« une maladie assez grave. Il y avait un choix à faire. J'ai préféré mon fils à mon boulot, c'est tout. C'est mon rôle après tout ». Puis un autre arrêt, deux ans, à cause d'un problème de thyroïde. Son corps a pris des coups et ne peut plus travailler autant qu'elle le voudrait.

Sa vie c'est « voiture-boulot-dodo ». Peu de loisirs, pas de vacances tous les ans, elle n'ira peut-être jamais à l'étranger. Le couple vit avec 2 000 euros par mois. La somme de deux salaires, la peur du lendemain. « Dans ma vie, j'ai très rarement eu un salaire à quatre chiffres, j'ai toujours eu des salaires à trois chiffres. C'est énervant, hein ? » Elle dit ça en riant. Nous n'avons jamais compté le nombre de chiffres sur notre fiche de paie, parce que nous n'en avons pas eu besoin. « J'en ai ras le bol des gens qui me disent : "Tu vaux plus que ça." On m'a aussi dit que j'étais conne d'aller bosser pour 600 euros. Peut-être, mais si je n'y vais pas, je n'ai pas 600 euros sur mon compte. Entre ça et rien… » Rappelons que 80 % des contrats à temps partiel sont occupés par des femmes*. Cela peut être « consenti », le plus souvent pour s'occuper des enfants, mais aussi subi, comme pour Sandrine.

Aujourd'hui, elle vit pour ses petites-filles. Elle nous le dit comme ça. Vivre, mais pour quelqu'un d'autre. C'est ce qu'il se passe parfois quand on a un enfant. « Mes petites-filles, c'est mon médicament, elles m'ont sauvée. Je serais heureuse un samedi matin de prendre mes princesses, d'aller dans un magasin puis de les gâter ! Pour Noël, il est hors de question qu'elles n'aient qu'un cadeau. Je préfère me priver de manger, de m'acheter des vêtements, que de priver mes petites-filles. Et ça me bouffe de ne pas pouvoir en faire plus pour elles. »

Avant de faire plaisir à ses petites-filles, Sandrine a élevé trois enfants. Ils sont grands maintenant et ont tous un emploi. Le but de Sandrine et Franck était qu'ils aient leur bac et leur permis à dix-huit ans, ce qu'ils ont réussi,

---

* Chiffres de l'Insee pour 2019.

« ils ont aussi eu une super communion même si on n'avait pas trop les moyens ».

Élever trois enfants, travailler en même temps. Comment on fait ? « Toujours courir, pour tout, un papier, un enfant à aller chercher à l'école, à inscrire quelque part… On est toujours obligées de grignoter sur nos heures. Toujours prendre sur notre temps et être pénalisées dans le travail au final. » Son mari ajoute : « Et il y a aussi les rendez-vous chez le médecin ! » Sandrine répond : « Mais qui c'est qui les prend ? C'est toujours les mères et jamais les mecs. » D'après Doctolib, en 2022, 77 % des rendez-vous pris pour un proche ont été réservés par des femmes. Chez le médecin, c'est frappant, on ne trouve que des mères. Elles se jettent parfois un regard compatissant, s'entraident comme elles peuvent. Puis repartent, cernes sous les yeux, traînant leur poussette. Il faut se dépêcher sans brusquer l'enfant, c'est tout un art, ça bouillonne, on a envie que ça aille plus vite, que ça soit plus simple. Mais il faut prendre sur soi. Regard vers le téléphone, des appels de collègues manqués, la culpabilité, la peur d'être réprimandée parce que c'est la troisième fois ce mois-ci. Être soi-même six pieds sous terre. La tête qui tourne en se baissant vingt fois pour se mettre à hauteur du petit corps. Goût de sang dans la bouche, désagréable sensation de vertige et d'évanouissement. On se dit que notre corps va lâcher, mais non. Comment peut-on garder un travail et la santé dans ces conditions ?

Comment fait-on ? « Comment réussissez-vous à concilier votre vie personnelle et votre vie professionnelle ? » C'est une question encore souvent posée aux femmes de pouvoir interviewées par des magazines, féminins ou pas. Quand une « femme puissante » est aussi mère, on lui demande en sous-texte si elle préfère son travail à ses enfants. On lui demande si finalement elle les aime tant que ça. Quelle serait la bonne réponse à cette question condescendante qui ramène une femme à son statut de génitrice, à son utérus, au privé, à l'intime, à la maison ? Mais, à bien y regarder, quand on a soi-même des enfants, une carrière professionnelle qui stagne, on se pose un peu la question.

La réponse est souvent attendue : « C'est difficile mais on s'en sort », « Je m'organise, on a trouvé notre équilibre », « Mon mari m'aide beaucoup ». Personne pour dire : « J'avoue que je ne m'en sors pas. » Peu de mots pour les mamies, assistantes maternelles, enseignantes, nounous, baby-sitters, filles au pair qui font le job, parfois la nuit. Pas de mots pour ces mères qui élèvent les enfants des autres pour pouvoir donner à manger aux leurs. Pas de réponses concrètes, de modes d'emploi qu'on pourrait appliquer à la lettre comme leurs régimes. Ont-elles peur d'avouer qu'on les aide et qu'elles ne sont pas si fortes que ça ?

Sandrine n'est pas une femme puissante, pas économiquement en tout cas. Mais sa réponse nous intéresse quand même : « On n'apprend pas à tout gérer, ça vient sur le tas. On n'a pas le choix. Puis Franck m'aide beaucoup. Après, on n'est pas superwoman, on n'est pas supermaman. On a fait comme on a pu. »

Ça fait du bien d'entendre cet aveu franc et sans gêne. Le mythe de la superwoman, les modèles de mères multitâches, veste tailleur, teint frais, cheveux lisses, talons hauts, tenant la main à un adorable bambin, nous lassent. On a persuadé les femmes que l'accès au marché du travail leur donnerait plus d'indépendance. Pourtant les inégalités sont toujours là, puissantes elles aussi. On les a également persuadées qu'elles pourraient tout faire, et bien. Nous sommes « courageuses », des « guerrières » peut-on lire sur les réseaux sociaux. Le sens du sacrifice, les épaules pour ça. Des mots pour se persuader que c'est la bonne chose à faire parce que tout le monde sait que les hommes ne savent pas faire deux choses à la fois. On leur laisse leur travail et c'est très bien.

« On gère tout, on est psy, on est infirmière, maîtresse d'école. Une femme travaille toujours. Il y a toujours quelque chose à faire. Même en vacances. Mais du temps libre chez une femme, je ne vois pas. C'est peut-être quand elle va faire un peu de sport. Qui a du temps libre ici ? Vous avez du temps libre, vous ? »

Nous ne savons pas bien quoi répondre. Parce que oui, nous avions du temps libre, beaucoup. C'était gênant de l'avouer. Et le concept d'abnégation totale nous était alors étranger. « Vous appelez quoi du temps libre ? » Sandrine paraît sincère quand elle nous dit ne pas trop savoir ce que c'est. « Mon temps libre c'est quand je m'occupe de mes petites-filles. »

« En ce moment j'ai une haine. Les femmes, on est obligées de tout faire, de tout gérer, on est mal payées. On se prive de beaucoup de choses. On est malades… » Sandrine est fatiguée et elle veut en même temps désespérément travailler. « J'essaye de me reposer mais je me dis à chaque fois que c'est du temps perdu. À force d'être toujours au taquet, après on ne sait plus s'arrêter. » Elle ne se sent utile, valorisée, reconnue que dans le travail et le soin des autres. Un rôle social auquel elle s'accroche. Lui refuser cela, c'est l'enterrer. On a tant pris de son temps qu'elle en a oublié ce qu'elle pourrait en faire. Est-ce que quand on est mère, grand-mère et employée, on a le temps et les moyens d'être autre chose ?

Travail invisible

Élodie nous rejoint en courant. Cette jeune trentenaire, brune, cheveux bouclés, a l'air très occupée. Elle s'arrête pourtant quelques minutes pour nous faire visiter son lieu de vie et de travail : des gîtes adaptés pour les enfants en situation de handicap et leurs parents.

À la naissance de leur fille Andréa, Élodie et son conjoint Louis ont compris le sens de l'expression « ça n'arrive pas qu'aux autres ». Une annonce des médecins a balayé tout ce qu'ils imaginaient du futur : leur fille est atteinte d'une maladie neurodégénérative rare. Elle ne pourra jamais marcher, parler, manger toute seule. Le couple habite alors en banlieue parisienne, chacun a un métier qui le passionne, ne compte pas ses heures. Mais Élodie ne reprendra jamais le travail après son congé maternité. En l'absence d'établissement adapté pour accueillir les enfants de moins de six ans en situation de handicap, ce sont le plus souvent les mères qui quittent leur emploi pour s'occuper de leur enfant. « Au-delà du fait que je gagnais moins que mon conjoint, c'était inconcevable de continuer à bosser autant alors qu'on venait de m'annoncer que mon enfant ne resterait pas toute sa vie auprès de moi. »

Le couple vit dans deux mondes parallèles : Élodie passe son temps chez les blouses blanches, Louis garde une « bulle de normalité, quelque chose de sa vie d'avant » quand il va au travail. Elle demande alors à son conjoint d'arrêter de travailler, sans aucune culpabilité, « contrairement à beaucoup de mères dans le handicap, je ne me voyais pas tout porter toute seule ». Sans possibilité de payer leur loyer, sans vie sociale, Élodie et Louis quittent la région parisienne et créent leurs gîtes à Montreuil-sur-Mer. Son compagnon se charge des travaux, Élodie s'occupe à nouveau seule de leur fille. Elle devient aidante. « Être aidant.e, c'est tout ce qui va au-delà de la parentalité normale, si cela existe. C'est nourrir sa fille par sonde, lui donner des médicaments dix fois par jour, la consoler dix heures par jour. »

Un temps plein, qui n'est pourtant pas considéré comme un travail. Le soin, le privé, ce qui se passe dans une maison, ça ne se voit pas. Une allocation est versée pour s'occuper de l'enfant, sans toutefois permettre de cotiser au chômage, à la retraite ni de bénéficier de la validation des acquis de l'expérience. Ces années passées à s'occuper de son enfant sept jours sur sept, vingt-quatre heures sur vingt-quatre ne valent rien. Alors, après le décès de leur enfant, beaucoup de mères ne retrouvent pas de travail. Plus d'enfant, plus d'allocations, plus de travail, plus rien. « Tu te prends l'exclusion sociale en pleine face alors que tu dois encore faire le deuil de ton enfant. » Être aidant.e, c'est avoir une santé qui se dégrade, subir l'isolement social, la précarité financière. C'est développer des techniques pour essayer de ne pas sombrer, « parce que ça peut relever de la psychiatrie ». Quand on est parent, on se demande déjà comment prendre soin de soi, alors comment c'est possible quand son enfant va mal ?

« J'essayais de calmer ma fille qui pleurait jusqu'à quinze heures par jour, je ne tenais plus. » Finalement Élodie rend les armes. Elle n'a jamais envisagé sa vie comme celle d'une femme au foyer et réussit à s'affranchir du rôle qu'on lui a attribué. Elle abandonne son statut d'aidante mal indemnisée et crée son emploi dans l'association qui gère les gîtes. Avec les allocations perçues, elle embauche une éducatrice pour s'occuper de sa fille ; trente-sept heures par semaine pendant lesquelles Élodie peut être autre chose que la mère de sa fille.

« Je travaille tout le temps, parce que ça m'évite de penser. » Elle nous fixe de ses yeux foncés, sans baisser le regard. Des cernes creusent les traits fins de son visage, quelque chose la tient debout, éveillée. Quand elle nous dépeint la réalité des aidants, son discours est rodé. Elle a déjà raconté ça des centaines de fois. Mais c'est une première pour nous. Alors son ton automate nous aide à rester professionnelles quand nos gorges se nouent. Impossible de ne pas nous identifier à Élodie, sa vie d'avant est la nôtre. Elle doit être habituée à adapter son discours, à effacer ses émotions pour ne pas mettre ses interlocuteurs et interlocutrices mal à l'aise. Habituée à balayer les sujets terribles comme si elle parlait du menu de la cantine. Ça doit mobiliser une énergie folle. Ou peut-être n'en a-t-elle plus assez pour lier les mots aux sentiments. Ça se voit qu'elle est fatiguée, qu'elle a d'autres choses bien plus importantes à faire que de nous parler. Pourtant, elle prend de son temps pour nous. Pour informer, éduquer, expliquer. Ça aussi, c'est du travail. Gratuit. Ça aussi, ça doit être épuisant.

Où est le cordonnier ?

Quelques mètres à l'écart de la place du marché, alors que les Montreuillois terminent leurs courses, une vitrine nous interpelle. Des chaussures de toutes les couleurs sont exposées. Une clochette accueille les client.e.s dans cette boutique. Nous avons rendez-vous avec Laurence, cordonnière-couturière de cuir. « Mais les gens aiment mieux dire "cordonnier". » Pas seulement les gens, certains logiciels de traitement de texte aussi soulignent d'une vague désapprobation la féminisation de ce nom de métier. Des clients lui demandent même : « Où est le cordonnier ? » Elle peut aujourd'hui leur répondre qu'il n'y a pas d'homme derrière le comptoir, qu'elle est seule aux commandes.

Mais ça n'a pas toujours été le cas. Laurence a longtemps été « femme de commerçant ». Aidant son mari derrière la caisse d'un tabac-presse puis d'une cordonnerie, aucun client n'avait idée de demander où était la cordonnière. Ces femmes, on les appelle aujourd'hui « conjointes collaboratrices ». Un travail quotidien considéré comme de l'aide. Une femme qui aide son mari, c'est naturel après tout, pas de quoi en faire une montagne. Être toujours en toile de fond, derrière le comptoir, dans l'arrière-boutique. Être présente pour les enfants qu'il faut nourrir, conduire à l'école, aider à faire leurs devoirs. « Après le mari rentre et on lui fait à manger. J'avais un peu cette vie de couple où… Il y avait une différence entre l'homme et la femme. Je m'aperçois de ça, tiens ! »

Ce modèle ne convient finalement pas au couple qui opte pour une répartition plus équitable des tâches. Aujourd'hui, c'est d'ailleurs Laurence qui subvient aux besoins de sa famille : son mari s'est arrêté de travailler pour qu'elle puisse tenir son propre commerce. « L'indépendance, c'est avoir son honneur, retrouver une place dans la société en étant utile. » Un homme à la maison, « entretenu » par sa femme, ça dérange les membres de leur famille et certains clients qui demandent des nouvelles de son mari, comme si Laurence le tenait captif. Aujourd'hui, c'est lui qui s'occupe de la maison, comme elle avant. Enfin pas vraiment. Les enfants sont partis et Laurence n'a pas besoin d'aide dans sa boutique qu'elle entend gérer seule.

Nous sommes installées sur des tabourets, dans l'arrière-boutique. Pas d'homme ici, mais des boîtes de chaussures rangées sur des étagères jusqu'au plafond.

Cordonnière, Laurence est « née comme ça ». Pas d'école, elle a toujours travaillé, même enfant. Elle était obligée, nous dit-elle. Son premier métier était bergère, elle s'occupait des moutons et des chèvres, « j'aurais aimé pouvoir aller à l'école, surtout pour avoir du contact avec des enfants ». Laurence tanne le cuir depuis qu'elle sait parler. À trois ans, des moines lui apprennent à fabriquer des spartiates. Pourquoi, comment, nous n'en saurons pas plus. Nous sommes obligées de composer avec les silences de Laurence qui refuse catégoriquement de s'étendre sur son enfance et nous confie seulement quelques indices au fil de la conversation. Ce que l'on sait, c'est qu'elle porte depuis toute petite cet amour du cuir dont elle parle avec sensualité. « Le cuir, c'est une bête qui a donné de sa vie, donc c'est toujours vivant. C'est une âme, on peut le garder à vie. »

L'amour qu'elle met dans son travail est fort et déroutant. Sa voix s'anime quand elle nous parle de son désir d'aider chacun.e à trouver chaussure à son pied. C'est simple, sa boutique, c'est sa maison. Pourtant demain, elle ferme. Nous sentons que ça lui crève le cœur. « Un samedi, en plus, je n'aime pas ça, fermer. » Elle laisse sa passion de côté pour passer un « moment privilégié » avec sa fille dont elle est proche. « On va se tenir compagnie, se voir et surtout se sentir. On aime bien se sentir toutes les deux, on a besoin de ça. »

CHAPITRE 7

Échappées

Square de la Roquette (Paris 11ᵉ)

Entre le temps de l'école et celui de la maison, il y a cet endroit, ce moment suspendu. Une zone sans voiture au milieu de la ville, dont les grilles se referment chaque soir à heure fixe. Un échantillon de nature traversé d'allées bien tracées, dans lequel ont été installés une aire de jeux, un terrain de sport cerné de paniers de basket et de cages de foot, un grand toboggan qui fait aussi office de tour d'observation.

En ouvrant le micro, nous captons des cris d'enfants, des ballons qui rebondissent, le roulement des poussettes sur le gravier. Même en fermant les yeux, il est difficile d'imaginer que d'autres grilles et d'autres tours se sont longtemps élevées ici. Celles de la Petite Roquette, une prison pour enfants construite au début du XIXᵉ siècle, puis devenue un centre pénitentiaire pour femmes dans les années 1930. Un lieu sinistre où des gamins délinquants et des enfants des rues étaient enfermés. Certains orphelins, d'autres incarcérés sur simple demande de leurs parents. Plus tard, cette prison est devenue un lieu d'exécution de femmes condamnées à mort. Parmi elles, l'avorteuse clandestine Marie-Louise Giraud, « faiseuse d'anges » guillotinée en juillet 1943, et « l'Ange noir » Violette Nozière, parricide enfermée là après sa condamnation à la peine capitale mais finalement graciée – elle avait tué son beau-père pour mettre fin à l'inceste.

Les fantômes de ces anges hantent ce lieu autrefois verrouillé à double tour, dont certaines ont malgré tout réussi à s'évader. De la prison détruite il ne reste que l'ancienne guérite donnant sur la rue, qui constitue désormais l'entrée principale du square. Aujourd'hui, d'autres visages angéliques et d'autres enfants vont et viennent ici comme ils veulent. Mais sous les pâtés de sable, la terre a-t-elle imprimé la douleur et les cris d'effroi ?

Dans cet espace public – ce lieu clos qui n'en est pas un –, les enfants jouent, escaladent et creusent dans le sable. Sur les bancs qui bordent l'aire de jeux, les adultes sont surtout des femmes. Elles surveillent de loin les petits, tendent des mouchoirs ou des biscuits pour le goûter, remontent les fermetures Éclair et font rouler machinalement des poussettes d'avant en arrière. Parfois, elles discutent avec une autre adulte ou jettent un œil sur l'écran de leur téléphone. Elles, ce sont les mères, les nounous, les grands-mères des enfants qui jouent.

Femmes adultes non accompagnées d'enfant, ou plutôt non-accompagnantes, nous n'avons en principe rien à faire aux abords de cette aire de jeux. Ici, c'est le territoire des enfants et des personnes chargées de les garder.

Si les fantômes des « mauvaises filles » et des femmes enfermées pour être « redressées » à la Petite Roquette sont loin, la question de la liberté et de l'enfermement nous occupe encore. Jusqu'à quel point les petites qui escaladent la tour-toboggan du square sont-elles libres? Ou jusqu'à quand? Les nounous qui les surveillent ont-elles choisi librement leur métier? Qui s'occupe de leurs propres enfants pendant qu'elles passent dix heures par jour à prendre soin de ceux des autres?

Libérées, délivrées

Jeanette a huit ans. Elle déteste le maquillage, les poupées Barbie et autres égéries pailletées, plébiscitées par les filles de sa classe. Elle se rêve en Calamity Jane, « une légende du far west plutôt libre, moitié fille moitié garçon ». Derrière ses lunettes rondes en plastique rouge, ses yeux s'assombrissent quand elle compare l'école à une « prison », qui transforme les « gens » en des personnes « pas sympas ». Les autres enfants la mettent parfois à l'écart. Ça la rend triste et en colère. En parlant, elle ensevelit ses jambes dans le sable. À côté d'elle, une gamine beaucoup plus petite la regarde et l'écoute. « Elle, elle fait des pâtés, et moi je m'enterre dans le sable. » Les deux jouent côte à côte sans se parler. Jeanette adore les bandes dessinées, les Playmobil et inventer des histoires. Elle est d'accord pour grandir mais elle espère ne jamais avoir à s'arrêter de jouer.

C'est le mois de novembre. Les feuilles mortes s'entassent dans les coins et la nuit tombe de plus en plus tôt. Chaque jour, l'automne grignote le temps passé à jouer dehors. On sort les gants, les doudounes. Celles de Daniela et Mélina sont rose pastel, assorties. Elles sont sœurs jumelles. Avec leur cousine, elles font la queue pour le toboggan, glissent en faisant la chenille et nous racontent leurs rêves. Participer à *The Voice*, devenir « actrice américaine », « miss » ou « chirurgienne pour rétablir les personnes ». Les jumelles ont la passion du chant – chanter les « libère », les « délivre ». Mais de quoi ? Elles en parlent comme d'un « bouclier ». De quoi doivent-elles se protéger ?

L'air de *La Reine des neiges**, hymne des petites filles de la dernière décennie, nous revient en tête – « Libérée, délivrée. C'est décidé, je m'en vais ». Nous imaginons la petite Jeanette et ses longs cheveux, Daniela et Mélina, les jumelles pastel, s'éloigner à califourchon sur leur destrier, sauter les clôtures, les enceintes et les obstacles.

Dans le bac à sable, les plus petit.e.s se mélangent sans distinction. Garçons et filles, lacets défaits, bonnets en tire-bouchon sur le crâne. Et puis très vite – mais à quel âge ? –, les groupes se séparent. Hormis des frères et sœurs qui jouent ensemble et quelques exceptions, des clans genrés s'établissent, qui se disputent parfois l'accès au grand toboggan. Ça commence quand, cette division ? Et pourquoi rien ne semble avoir bougé depuis notre enfance ? Malgré les discours sur l'égalité et les dynamiques d'éducation non genrée que plusieurs mères rencontrées ici

---

*Anaïs Delva, « Libérée, délivrée », bande originale du film d'animation *La Reine des neiges*, 2013.

affirment appliquer, garçons et filles semblent former deux blocs incapables de se mélanger.

Les enfants du 11ᵉ arrondissement parisien, comme ailleurs, intériorisent encore des stéréotypes de genre. Les filles sont habillées de vêtements souvent moins pratiques et moins confortables que les garçons, qu'il ne faut pas salir ni abîmer. Il s'agit toujours pour elles de ne pas se décoiffer, ne pas avoir « l'air débraillé », ne pas faire « mauvais genre ». Quand nous leur tendons le micro, elles adoptent parfois des attitudes d'adulte, étudiées et mimétiques, dans un souci de plaire, de séduire.

En retrait de l'aire de jeux, sur le terrain de sport installé dans une autre partie du square, des garçons presque adolescents jouent au foot. À côté, des hommes font des tractions sur des équipements sportifs. Certaines filles s'aventurent jusqu'aux barres de sport, sans jamais pénétrer sur le terrain, clairement délimité par un grillage. L'une de nous a grandi dans un appartement dont les fenêtres donnent sur le square. C'est ici qu'elle s'est râpé les genoux, qu'elle a construit des amitiés et des châteaux de sable. Pourtant, durant son enfance, et toutes les fois où elle est revenue chez ses parents qui vivent toujours là, elle n'a jamais remarqué ce terrain de sport. Jamais franchi la limite physique du territoire des garçons. Sans même s'en rendre compte, elle avait intégré une frontière à son périmètre d'aventure, restreint ses capacités d'exploration.

Aujourd'hui, Assa et ses copines aimeraient dépasser cette frontière, se joindre aux matchs de foot, mais les garçons ne l'entendent pas de cette oreille. En classe de CM1 et CM2, elles ne sont plus tellement intéressées par le grand toboggan qui trône au milieu de l'aire de jeux. Et même si elles sont chargées de garder la petite sœur d'une des filles du groupe, âgée de quatre ans seulement, elles préfèrent jouer entre elles « aux gendarmes et aux voleurs », à demi cachées dans les allées sinueuses du parc. Pour faire la démonstration des limites qu'elles ne peuvent pas franchir, l'une d'elles pénètre sur le terrain de sport. Immédiatement, elle se fait rembarrer par le groupe de garçons – ils doivent avoir un ou deux ans de plus. Elle quitte « le stade », la tête basse. « Pour le basket, ça va, mais le foot, ils veulent vraiment pas. » À l'école, la prof de sport la trouve douée, mais ici elle a « la honte ». Elle accepte malgré elle leur décision arbitraire.

Si ces filles de dix ans expérimentent une certaine forme de liberté, venant au parc seules et sans surveillance, elles sont contraintes dans leurs déplacements, bridées dans leurs envies. Elles doivent aussi veiller sur la plus petite sœur. Déjà responsabilisées, chargées de prendre soin. Elles viennent ici presque tous les jours des vacances scolaires. Elles s'ennuient et semblent parfois ne plus trop croire en leurs rêves. L'une d'elles se verrait bien styliste, mais elle nuance d'emblée – il y a peu de chances qu'elle réussisse.

La fuite originelle

Bien des années avant Assa et ses copines, Hélène aussi a revu ses ambitions professionnelles à la baisse. À soixante-quatre ans, elle s'apprête à prendre sa retraite de nounou, après une vie passée chez d'autres personnes, à s'occuper de leurs enfants. Derrière son sourire et son assurance initiale, une fragilité pointe dans sa voix.

Arrivée en France à vingt-huit ans, Hélène a fait des études de comptabilité mais elle a dû travailler le plus vite possible après la naissance de sa fille, le père l'ayant quittée. Elle a trouvé alors un emploi de garde d'enfants. Malgré les difficultés et les immenses responsabilités du métier, elle a appris à apprécier ce rôle, ce lien d'affection si fort qui se noue avec les petit.e.s gardé.e.s au quotidien, durant les trois premières années de leur vie. « C'est un grand amour. Vous êtes vraiment liés. Quand l'enfant a trois ans, j'ai trop mal au cœur, parce que quand ils vont à l'école, c'est une brisure totale. Ça fait très mal, la séparation. »

Elle baisse les yeux et se tripote les mains. « J'ai un grand regret... Ma fille... » Hélène regrette d'avoir donné tout son temps aux enfants des autres, et si peu à sa propre fille, qui a eu la sensation, dit-elle, d'avoir été abandonnée. Elle a passé sa vie à travailler dur pour lui offrir une bonne éducation – « un bac + 5 », souligne-t-elle fièrement –, mais elle s'en veut d'avoir été obligée de la confier à d'autres. Un jour, la personne chargée de garder sa petite a mis sa vie en danger, alors qu'elle n'était qu'un bébé. Hélène ne se l'est jamais pardonné. Pendant que sa fille souffrait de l'absence de sa mère, cette dernière cajolait d'autres petits dans de grands appartements parisiens avec tout ce qu'il faut de confort – de nombreux jouets ; des goûters pas trop sucrés ; des repas équilibrés ; une attention constante.

Aujourd'hui, sa fille est adulte mais Hélène y pense toujours. Elle essaye de réduire l'écart, la distance qui les sépare. Elle aimerait devenir grand-mère un jour, pour se rapprocher d'elle à travers ses petits-enfants et, peut-être, d'une certaine façon, pour se « rattraper » et apaiser son sentiment de culpabilité.

Au fond d'elle, une autre culpabilité la ronge. Avant de donner naissance à sa fille, Hélène était déjà maman de deux petits garçons, qu'elle a été contrainte de laisser derrière elle en quittant son pays, la Côte d'Ivoire. Elle est partie dans la douleur, pour fuir son mari. Pour échapper à la violence. Pudique, elle n'en dit pas beaucoup, mais assez pour que nous comprenions et pleurions avec elle. « Si j'étais restée, j'aurais pu perdre la vie. Je me suis libérée. »

CHAPITRE 8

De l'autre côté du miroir

Quartier du Mirail à Toulouse (Haute-Garonne)

Maison de la radio, petite couronne, porte F. Sixième étage, cellule 04. Il ne faut pas se tromper, au risque de tourner en rond. Pièce 6F04. Trois mètres sur trois. Acoustique soignée. Si on se penche, on voit la tour Eiffel. Néons et moquette grise. Nous aimons cet endroit, c'est un peu une chambre à soi, loin de l'effervescence des rédactions. On débarque là avec les sons du tournage. Sitôt vendangés, fermentés. Hier, nous étions à 500 kilomètres, au Mirail, où nous avons rencontré une dizaine d'habitants qui nous ont parlé du chemin emprunté pour devenir des hommes. Le Mirail : trois quartiers situés de l'autre côté du périphérique toulousain. On parle parfois de cité, ou de banlieue. Ces quartiers forment un « ensemble », un mot qui est dans toutes les bouches. Les aléas de la vie, nombreux, se surmontent avec l'aide des uns et des autres.

Ce n'est pas tout à fait ce que retient la presse : « 1,5 kg de cannabis et trois armes de poing retrouvés chez l'évadé de prison »; « Du deal au Mirail au meurtre d'un camarade, l'itinéraire terrifiant d'un ado tueur »; « Toulouse : guerre psychologique au cœur du Mirail »; « Rodéo à scooter et violences dans la fac du Mirail »... Drogue, délinquance et intégrisme sont présentés comme la sainte Trinité des lieux.

Parfois, les habitants pensent que l'on attend ça d'eux. Islam, qui décrit son prénom comme ce qui lui a fait « le plus défaut dans ce pays », et lui a porté préjudice, donc, nous parle du Rassemblement national, du voile et du bloc où on deale, tout en précisant que « c'est dur, la stigmatisation ». Il indique qu'il faut venir sur place et s'intéresser aux personnes pour connaître « leur vraie image ». Abdennour, dans tous les cas perdant, est vu comme « une racaille » à l'extérieur du quartier alors qu'au Mirail, il est considéré comme un « gars naïf qui cherche le droit chemin, comme un mec endormi ». Samir, lui, craint nos questions, qui seraient des « pièges ».

Mais nous, nous sommes là pour interroger la voie entre les injonctions à la virilité et la sensibilité. Comment grandir quand on a peu de place ? Comment choisir sa vie quand on n'a pas trop le choix ? À quoi fait-on honneur quand on est un garçon ? Comment ne pas se perdre quand la route est incertaine ? Que se passe-t-il quand on rencontre l'amour ?

Nous réécoutons l'entièreté des enregistrements, stylo à la main. Prenons des notes : personnages principaux, angles choisis, ambiances intéressantes. Puis procédons aux coupes. Quelle place donner à chacun des éléments confiés ? Comment les agencer pour être fidèle à ce que l'on a ressenti ? Qu'est-ce qui est audible ? Monter, c'est écrire, à partir de leurs mots. En espérant ne pas trahir. Nous aussi, nous cherchons notre chemin, prises dans les fougères de la complexité des êtres, au-delà du miroir, le *mirail* en occitan. On rembobine.

Vendredi. Nous rejoignons le quartier depuis le centre-ville. À la fois proche et lointain. Quelques stations mais tout un monde les sépare. Nous sortons du métro Mirail-Université sans savoir où nous mettons les pieds. Comme d'habitude pour cette série documentaire – d'ordinaire, les tournages sont organisés bien en amont avec les personnes interviewées –, nous ne prévoyons aucun entretien, pour nous laisser surprendre. Alors parfois, notre affaire prend des tournures de micro-trottoir. En un rien de temps, nous essayons de convaincre les passants de nous parler.

Le lieu est assez agréable. Des barres, pas trop hautes, s'étendent autour de carrés de pelouse soignés. À leurs pieds, les voitures sont garées. Une rue sur plusieurs niveaux. Dans les années 1960, l'architecte Georges Candilis, à l'origine de la ville nouvelle, imaginait tout un univers. En sous-sol, les transports en commun et le parking, au niveau zéro, les voitures, et au-dessus, loin de la rumeur de la ville, « la dalle », lieu de flânerie au milieu des petits commerces et restaurants. Certains ont définitivement baissé le rideau, mais subsistent encore la maison de la presse Le Temps libre, le salon Look coiffure Chez Youssef, le restaurant tunisien tenu par Achraf. À gauche s'étend l'université et, collées à elle, les terrasses des snacks. La démarcation est nette. Il y a les bars pour les étudiant.e.s et ceux des habitant.e.s. Devant le Corep Toulouse-Mirail, les un.e.s et les autres se croisent, certain.e.s pour photocopier des papiers administratifs, d'autres pour imprimer leurs cours. Une rencontre parfois teintée de méfiance, notamment pour Islam, « tellement on est rabaissés et humiliés ».

Au-delà de la carrure

Devant G Faim, des gars jouent aux petits chevaux. « C'est comme le jeu de quand on était petit, mais sur le téléphone. » Chaque joueur mise deux euros, celui qui gagne remporte huit euros, parce que « gagner de l'argent, ça donne plus de goût aux choses ». À la table d'à côté, deux habitués papotent. Nous nous présentons, balbutiantes. On tente : « Nous sommes ici pour rencontrer des garçons du quartier, savoir comment ils se débrouillent avec leur place d'homme. » Ça veut tout et rien dire. Mohamed nous prévient, la politique, ça n'est pas pour lui. Sans nous laisser le temps de répondre que cela tombe bien, car ce n'est pas notre sujet, il enchaîne : « Ces gens-là, ils nous voient plus bas. On ne peut pas arriver à leur niveau, mais on est mieux qu'eux. Le jour où ils seront en bas, par contre, ils tiendront pas, c'est ça qui tue. Nous, si on monte, on saura quoi faire. »

Ça se bouscule dans la tête du poète. La question n'est pas encore posée qu'il démarre à mille à l'heure et nous embarque dans sa logorrhée. Il enchaîne sur son enfance, sans que nous ayons à le relancer. Il a grandi dans le quartier, avec ses frères de sang, et tous les autres frères qui, au fil des années, ont été là et ont « aidé sa mère ».

Les vrais amis restent mais le quartier change. Depuis 2015, un important projet de renouvellement urbain est en cours. La tour dans laquelle Mohamed vivait a été détruite. Il est relogé à Ramonville, où il vit avec son épouse et ses trois enfants. Il est nostalgique de cet endroit où il a « tout fait, tout connu ». Il aurait aimé que cela continue. Quoique, à un moment, il a eu besoin de partir, de tracer sa propre route. Il voulait « changer un peu d'air », s'éloigner du père, qui le « saoule ». Il quitte donc la Ville Rose pour l'Ariège, où il suit un CAP cuisine. Et il y rencontre sa future femme.

Aussitôt, il pondère la critique de son paternel, « un bosseur qui a travaillé toute sa vie », tellement bûché qu'il en est handicapé. « Maintenant, le pauvre, il n'arrive plus à bouger. » Son père, arrivé d'Algérie, voyait dans la France la promesse d'une vie meilleure et était exigeant. C'était plus facile d'être le fils de sa mère, parce que « la mère, c'est pas pareil ». Elle est au-dessus de tout : « Notre mère, on la met sur notre tête. » Elle ne l'a « jamais lâché », même quand il était en prison.

Mohamed a fait « des conneries de jeunesse », mais n'a pas « de sang sur les mains ». Il a volé « un peu », et dealé du shit. Il regrette ce temps perdu derrière les barreaux, « être enfermé vingt-deux heures sur vingt-quatre, ça fait réfléchir ». Il quitte sa fiancée, à qui il enjoint « de faire sa vie ». Cinq ans après, il reprend contact : « Elle était là. » Depuis, il y a eu un mariage et des enfants. « Même si c'est pas la belle vie, elle est belle, la vie. »

En cabane, les filles lui manquaient. Il a eu quelques visites, « des nanas qui aiment les taulards ». Ses copains ne se bousculaient pas au portillon, en revanche ils n'oubliaient pas de traiter de « bâtardes » ces visiteuses. Lui les respecte, parce qu'elles l'ont « aidé et qu'elles étaient là ». La prison, c'est une histoire en soi, mais pas celle qu'on approfondit ce jour-là. Quand il l'évoque, il roule des mécaniques. Il fait valoir sa carrure et cherche aussi un peu à impressionner, alors on le questionne sur sa famille « qu'il aime plus que tout ». Là, le ton devient plus doux et le débit ralentit.

Il a un garçon de cinq ans, une fille de trois ans et un petit garçon de cinq mois. Il aimerait avoir cinq enfants. Un de plus que son père pour dire qu'il l'a « battu ». C'est pour ses enfants qu'il a « arrêté les conneries ». Être père l'a changé. « Ça fait plein de choses, en fait. Ça rend heureux. » S'il avait su, il n'aurait pas connu la prison.

Sa femme, « c'est une guerrière ». Il la met « au niveau » de sa mère en indiquant le sommet de sa tête. Ce qui lui a plu, c'est que « ce n'est pas une meuf qui va se laisser faire ». Mais il met en garde : « Il ne faut pas être amoureux fou. Si demain, elle te quitte et que tu es amoureux fou, tu vas faire quoi ? Tu vas la tuer et tu vas te tuer ? Il faut penser au pire. »

Autour, le silence s'est fait, et de loin les copains écoutent. Nous lui demandons à quoi ressemble la tendresse entre hommes. « On se fait des bises comme ça », mais ils ne sont pas proches « au point de faire des câlins » comme il en fait à sa mère ou à sa femme. Ce « nous », brandi comme une réponse au « vous, les mecs de banlieue », comme un retournement du stigmate, revient régulièrement.

La douceur

Devant G Faim, le patron des lieux fume une cigarette. Le restaurant est fermé, il nous propose de passer derrière le rideau métallique. Sa fille, Kalissa, est là, elle patiente devant la télé. Il poste une photo avec nous sur Snapchat, il veut montrer que Radio France est venue. Samir a une petite communauté sur les réseaux sociaux car, pendant des années, il gérait la sandwicherie qui était au milieu du Mirail, une petite cabane de bric et de broc, « pleine de charme » et, surtout, « un lieu de rencontres » pour les gens du quartier. Samir est très pris et sa femme, elle-même très impliquée dans son travail de greffière au tribunal, connaît ses ambitions. D'après Samir, certaines femmes « pleurnichent », d'autres encouragent leurs hommes. « Elle me dit : "Sors, va chasser, ramène le gibier." »

Issu d'une famille de cinq frères et sœurs, il a toujours su qu'il voulait être père. Ses grands frères, ses « exemples », sont passés par là. « Naturellement », il s'est marié, et « naturellement, ça s'est fait ». Ce qu'il attendait de la paternité ? « Avoir un fils », « un copain », « un petit gars » qui lui ressemble. Il souhaite reproduire la relation qu'il avait avec son père. Parfois, ses filles restent à la maison et il va avec ses deux fils au stade, « faire des trucs de garçon ».

Littéralement, Samir roule des épaules.

Son fils s'est longtemps retrouvé avec des « nanas ». Samir craignait qu'à force d'être « entouré de gamines », il finisse par faire « de la couture » et « regarder *My Little Pony* ». Alors quand son deuxième garçon est né, il s'est senti soulagé.

Une petite voix nous interrompt. Kalissa appelle son père, elle souhaite changer de chaîne. Il essaye de la convaincre de regarder les reportages animaliers mais elle refuse catégoriquement. Samir s'adresse de nouveau à nous : « Mon fils aurait regardé le tigre et les hyènes... Enfin, vous avez été des petites filles, vous voyez de quoi je parle. » Nous adorions les reportages animaliers.

À la naissance de sa première fille, il s'est senti « bonhomme, avec les épaules ». Pudique, il n'a pas demandé de conseils à son père, « il faut rester costaud ». Il s'autorise « à étaler ses émotions » devant son ami Dany, « qui connaît ses défauts et ses faiblesses ». Et puis il y a « les oreilles du monde, quelqu'un qui débarque, à qui tu dois rien et à qui tu te confies ». Il relativise, certaines choses ne sont dévoilées à personne. On tente, et on lui demande à qui il parle d'amour. « Ça fait longtemps » qu'il n'en a pas parlé, l'amour, il « le vit ». Un énorme sourire apparaît, on l'entend dans sa voix. Il regarde sa fille : « Même si je suis un gros bâtard, elle m'aime. Y a des pères qui sont meurtriers et leurs enfants, ils les aiment quand même. »

Nous pensions plutôt à l'amour romantique. Ça n'a pas toujours été facile d'assumer être amoureux, « dans la cité, l'amour, ça peut s'apparenter à la faiblesse ». Il aime

« la douceur des femmes ». De nouveau, il nous interpelle : « Soyez douces, dans votre voix, votre regard. »

Samir semble comprendre la colère des femmes : « On vous fait souffrir, nous, les hommes. » Il a pris le temps de parler avec son ex-femme, « de ce mal » qu'ils « se sont fait ». Il a « gambergé » et essayé de comprendre. « Mais vous êtes quand même incompréhensibles. Parfois je dis à ma femme : "Même toi, tu te comprends pas ! Elle sort d'où, ta question ?" Quand on me pose trop de questions, je me sens agressé. Vous me tripotez le cerveau en fait. Ça, c'est un truc de femmes. Moi jamais, même si j'aime de fou, je ne vais pas vouloir savoir ce que vous pensez. Il y a trop de pourquoi dans vos têtes. » Nous incarnons tout à coup « *la* femme », et avec ce « vous », c'est à nous que les reproches sont adressés.

Cette relation l'a changé. Maintenant, il ne « montre plus les dents », même s'il est blessé. Sur les conseils de son père, quand il se fâche, il va faire un tour. Il évite la colère, « le plus mauvais sentiment », qui « peut faire des dégâts ». Cela fait six ans qu'il s'est séparé de son ex-femme, « mais elle ne peut plus faire confiance à un homme ». « Il y a des blessures profondes. »

Récemment il a été convoqué par l'école de son fils qui a imité la signature de sa mère. Samir a été « très gentil ». Il ne s'est pas mis en colère. Mais le lendemain du rendez-vous avec la maîtresse, son fils revient avec un nouveau mot. Il lui a alors mis « la pression et l'a mis à l'amende » : « Ce week-end t'es plus mon fils, quand tu vas venir, je vais te fracasser. »

Le changement de registre de son discours, jusqu'alors mesuré, nous pétrifie. C'est donc ainsi qu'un homme aussi affable peut devenir violent ? Sa femme arrive, son fils de trois mois dans les bras. Le malaise redouble.

Sur le fil

Ce dimanche matin, le quartier est très calme. C'est notre troisième et dernier jour de tournage. On croise Quentin tôt le matin, à côté du City stade. Les plus jeunes échangent des ballons dans le terrain clôturé. Leurs aînés n'ont pas encore fait leur apparition. Mais lui est là. Il cause avec les gosses. C'est un grand gars au visage encore poupin, qui se dévoile dans sa capuche. « J'ai grandi beaucoup, beaucoup trop vite. » Vers l'âge de onze ans, il faisait la taille de sa mère, « 1,75 m, un truc comme ça ». Maintenant il a dix-neuf ans et mesure 1,82 m. « L'essentiel, c'est que j'ai fini de grandir, je vais pas faire 3,50 m. » Il accepte aussitôt d'échanger le temps qu'un ami le rejoigne, « comme ça, s'il y a d'autres jeunes qui écoutent, ils sauront qu'il faut parler ».

Il connaît un endroit calme, ce qui est assez rare pour être souligné. Ces jours-ci, nous n'avons cessé d'arpenter l'espace public. Les terrasses de café, les squares, les abords d'immeuble. Nous menons les entretiens installées sur des bouts de trottoir ou dans les cages d'escalier qui résonnent, interrompues par le moteur des avions au-dessus de nos têtes. Pas facile de sonder son intériorité dans le brouhaha extérieur. Un lieu tranquille donc, « pratique » pour que son collègue nous rejoigne avec son chien, un malinois de huit mois « tellement grand qu'on dirait un adulte ».

Parce que « même si le chien n'est pas méchant, les gens ont peur ».

Quentin était en foyer d'accueil au Mirail. Un endroit où il n'est pas né mais dont il n'aime pas s'éloigner longtemps. Il le connaît comme sa poche et c'est surtout là que vit son ami, rencontré lorsqu'il était placé, et qu'il considère désormais comme son « petit frère ». À la majorité, il n'a pas trouvé de logement stable, alors Quentin « se débrouille ». Au fur et à mesure de l'échange, nous comprenons qu'il n'a pas de domicile fixe et qu'il a dormi cette nuit dans un appartement qu'il squatte. Il a froid et se réchauffe les pieds sur une bouche d'aération.

Un long moment passe, peut-être trois heures, pendant lesquelles il parle beaucoup. Sa perspicacité est frappante. Quand il s'explique – il se justifie en permanence –, tout son visage se chiffonne. Il en a gros sur le cœur. Très rapidement, il se confie sur une journée qu'il se rappellera toujours. De retour d'une sortie en motocross avec des amis, à peine arrivé chez lui, il entend sa sœur crier : « Lâche ma maman, lâche ma maman ! » Son beau-père était en train d'étrangler sa mère. Pour la défendre, il a été « obligé de lui mettre un coup de couteau ». Un geste auquel il s'est senti contraint, et que « la justice française ne voit pas comme un acte de légitime défense mais comme une tentative de meurtre ». Les tentatives d'étranglement perpétrées sur une conjointe sont rarement considérées comme des tentatives de meurtre. Or elles sont bien souvent le dernier stade avant le féminicide. Quentin est envoyé en détention. Il ne comprend toujours pas. Il est « pourtant normal ! », et serait « la dernière personne à agresser quelqu'un ». Pour lui, « la violence engendre la violence ». Cet homme violent l'a rendu violent. Dans cette histoire, est-il victime ou coupable ?

Nous proposons à Quentin de l'inviter à déjeuner. Il dévore son repas. Quentin ne parle plus à sa mère qui ne l'a pas défendu face à son beau-père. Il n'a aucun endroit où aller. Nous oublions de le questionner sur son père, peut-être par habitude (ou lassitude) des pères absents. Quentin a dix-neuf ans, et il est seul. Son collègue au chien n'arrive pas, il n'arrivera jamais d'ailleurs. Même son histoire d'amour avec Alison, qui l'a rendu heureux, n'a pas survécu à l'errance de foyer en foyer. C'était trop compliqué, et il s'est dit que c'était sa faute.

Pourtant, en parlant d'Alison, son visage s'illumine. C'est une fille « en or » comme il en a rarement vu. Chaque fois qu'il lui « proposait de lui acheter un sac à main », elle refusait. Ils s'occupaient mutuellement l'un de l'autre. « Par exemple, le soir, quand je travaillais au black, j'étais fatigué, elle me proposait de faire à manger. Et quand elle rentrait de sa formation, elle était fatiguée, et c'est moi qui faisais à manger. » Le couple s'entraidait continuellement, « un qui fait le balai, l'autre la serpillière ».

Il garde des souvenirs de week-ends en appart'hôtels, pour avoir un peu d'intimité. « Je ne sais pas comment le formuler, mais ce n'est pas parce qu'on prenait un hôtel que c'était forcément pour avoir des relations sexuelles. » C'était pour passer du bon temps, « aller en ville, des trucs comme ça ». Alison l'apaise. Fini « les dingueries en voiture », les prises de risques : « J'étais un danger public mais avec elle je roulais tranquille. »

Quentin est un amoureux fou et un dingue du volant. Un enfant qui a grandi trop vite. Quentin est vulnérable et inquiétant. Ambivalent.

Nous nous retrouvons avec des histoires de vie, des confidences, des sanglots, de la haine, des choses que l'on ne voulait pas entendre, des choses que l'on voulait entendre mais qu'on ne nous a pas racontées.

Au-delà du miroir, les contours sont souvent flous, changent de forme en fonction de l'angle et nous mettent face au défi d'en donner une représentation fidèle. Hors champ : le sentiment de ségrégation, d'isolement et d'abandon de l'État, l'échec scolaire, le manque de perspectives, la pression policière, les difficultés d'insertion ou les situations familiales compliquées. Une violence omniprésente en toile de fond, que les habitants portent en eux. « C'est dur, d'être un homme doux », conclut Abdennour.

CHAPITRE 9

Le cœur en rade

Le Troquet *à Épinal (Vosges)*

Les sols sont gelés, et c'est à peine l'automne. Ce jour-là, Épinal est le point le plus bleu sur la carte de France. Bleu le fond de l'air. Bleus les sapins. Bleue la Moselle. Bleus les doigts. Bleu le pare-brise.

De la fenêtre de l'immeuble dans lequel nous logeons, nous devinons quelques toits, quelques clochers, des arbres nus, peut-être même un soleil. La ville est enfoncée dans le brouillard.

Le bar de Cédric, *Le Troquet*, est l'un des derniers rades de quartier, un peu à l'écart du centre d'Épinal, au-dessus de la gare, dans la rue de l'ancienne garnison militaire. Les casernes ont fermé, les hommes ont disparu. Et, avec eux, la dizaine de bars, restaurants, épiceries, boucheries. Mais Cédric, le patron, essaye, comme il dit, « de faire un peu de résistance ».

Nous avions imaginé un décor de bar de quartier. Nous tenions notre image : un troquet dans son jus, banquettes affaissées, recoins feutrés, lumières rares. Des lambris, des affiches et des photos comme des témoins. Mais *Le Troquet* est décevant, à ce titre : moderne, propre, clair. Une colorimétrie clinique, du bleu roi sur les murs, le comptoir en zinc, les suspensions lumineuses aussi, alignées au-dessus du bar, efficaces.

Pas une femme ce matin-là, si ce n'est celle du patron. Tous ces hommes viennent plusieurs fois par semaine et parfois même plusieurs fois par jour. Tous se connaissent, se saluent, ouvrent les journaux. Les mêmes, qui parlent depuis trente ans du petit Grégory. Alors, quand on se présente à eux, ils commencent par raconter ces histoires-là, sans qu'on les leur demande, la bête des Vosges et les autres. Des histoires qui font peur. Des histoires de la nuit.

Ils sont souvent seuls. Célibataires, divorcés, veufs. Ils s'accoudent, se serrent les coudes. Ils connaissent leurs solitudes sans en savoir les raisons. Ce n'est pas ici qu'ils cherchent l'amour et encore moins qu'ils en parlent. À la place, ça fredonne et ça chambre. Le silence de ces hommes ne gêne personne : on ne l'entend pas. Il est dilué dans le bruit continu des machines : laveur de verres, rince-pichet, percolateur, tireuse à bière. Un flipper au fond du bar. Et des raclements de gorge.

Qu'est-ce qu'on dit quand on parle de tout et de rien ?

« C'est pas que j'veux pas vous parler, c'est que j'arrive pas à parler. J'ai comme une… une espèce de trachéite », Bernard tente de chasser le chat de sa gorge.

On essaye avec Yoann, Thierry, Jacques. Mais au départ, chacun a ses mots pour nous dissuader d'entrer dans son intimité.

« Je viens ici que pour le positif, c'est-à-dire l'échange facile. »

« J'ai juste besoin de jacter, de raconter des conneries. »

« On parle de tout et de rien ici, mais surtout pas de choses sérieuses. »

« J'ai pas peur de parler du tout mais j'en trouve pas l'utilité. »

« J'aime pas parler, ça m'énerve. »

« J'aime bien garder ma bulle. »

« J'ai pas de confident, ni de confidente. »

« Pour expliquer des trucs un peu intimes, les mots, c'est un peu chaud. »

Ça partait donc assez mal.

« Ce n'est pas non plus un lieu de drague ici, il y a pas de femmes », prévient Bernard. Pourquoi les femmes ne viennent-elles pas ici ? Yoann avance que les hommes « aiment tout simplement plus aller au bar que les femmes ».

Thierry, le paysagiste assis à côté de nous, propose autre chose. « Parce que y a peut-être trop d'hommes ?! » C'est une réponse à la fois incomplète et suffisante. « Rien ne vaut un bar pour se sentir mieux. À un moment donné, j'étais seul, déprimé, heureusement qu'il y avait le bar car sinon on pète vite un plomb. »

Est-ce qu'il est toujours seul en ce moment ? Il acquiesce puis se reprend. « Enfin, non, je suis pas tout seul. Je vis tout seul, mais j'ai une compagne. D'ailleurs on doit peut-être se voir ce soir si tout va bien. »

Thierry vient de retrouver un amour de jeunesse après un mariage qui a fini par s'étioler dans un ennui mutuel. « Je la vois pas vieillir. C'est comme si on avait que vingt ans. On remet une musique, ça nous remonte les souvenirs. »

Avant la fin de l'année, ils doivent emménager ensemble dans une maison, en dehors d'Épinal. Ce qui l'embête, c'est qu'il ne pourra plus venir aussi souvent au *Troquet*. « Avec ma compagne, ça marche bien mais elle comprend pas que je sois agréable avec les femmes. Je suis quelqu'un de tactile, j'aime bien faire des câlins. Quand je dis bonjour, il faut que je caresse le dos, que je serre dans mes bras. Ça, des fois, ça pose un problème. » Pendant qu'il nous parle, il fait défiler Facebook sur son écran, les publications de ses 4 600 amis. Ou plutôt amies. Il s'arrête sur une publication qui dit « La période des slows. On attendait tous ce moment-là quand on allait dans une boum, qui s'en souvient ? » Il a l'air rêveur.

Ce soir-là, « si tout va bien », il ira rejoindre sa compagne.

Qu'est-ce qu'on prend quand on ne prend plus de plaisir ?

À l'ouverture, Cédric distribue café serré et rosé frais. Quelques travailleurs, casques de moto sous le bras, avalent un croissant au comptoir. Au bout du bar, un homme vieilli prématurément se signale discrètement. Il siffle un air très doux, faussement léger, et son premier demi que Cédric a déposé devant lui sans qu'il ait rien eu à demander.

Nous nous approchons, attentives à son fredon, sa petite musique. Est-ce qu'il siffle comme ça souvent ? « De moins en moins, car j'ai perdu mon... ma petite... vous savez j'ai perdu mon petit. » Jacques mime son sifflet ou bien son souffle, ça n'est pas clair. « J'y arrive plus. »

Difficile de comprendre précisément ce qu'il a perdu, mais à ses yeux qui évitent les nôtres, nous devinons un peu. « Hélas », il vient ici tous les jours pour l'ouverture. « Je sais pas s'il y a des heures pour commencer à boire, parce qu'il y en a qui terminent au moment où je commence. Il vaudrait mieux que j'aille à l'église. Mais ici c'est sur mon chemin, je suis un petit peu obligé de m'arrêter. » Il y a de la malice triste chez cet homme.

Quel est donc ce chemin ? Jacques nous répond par petits bouts. Au fond du bar, plus en retrait, il se raconte. Il a soixante-trois ans, il est au RSA depuis qu'à l'âge de cinquante ans, une bactérie a fait « son nid » dans le lobe droit de son cerveau, ce qui lui a fait perdre une partie de son corps, et la totalité de sa vie professionnelle et amoureuse. Comme il ne pouvait plus « vraiment bien travailler », il a été licencié.

Avant ça, il aimait son métier : ouvrier sur les plateformes pétrolières. « Maintenant, je suis à l'ANPE. Ils m'ont bien proposé un stage de conducteur de bus ou de boucher-charcutier, mais je ne vois pas trop comment je pourrais... » Il nous indique son bras inerte. En ce moment, il doit aussi s'occuper de son fils qui est revenu vivre chez lui. Il ne fait « pas grand-chose de constructif ».

Ici il passe le temps et le temps passe. Il n'en attend rien, encore moins d'y rencontrer une femme.

Il hésite à nous dire ce qui le traverse : « Je trouve qu'une femme saoule, c'est pire qu'un homme saoul, désolé de dire ça. Et puis, vous avez déjà vu des femmes de soixante-trois ans dans les bars qui discutent et qui déconnent ? On n'a pas l'occasion de les rencontrer là où on va, nous. Alors s'il faut aller les chercher à la maison, là où elles font la vaisselle, ou dans les supermarchés. » Il conclut : « Peut-être qu'elles sortent pas, que ça les intéresse pas, c'est possible », mais il n'a pas l'air convaincu, et enchaîne : « En fait, j'aime pas trop les femmes de mon âge. »

Il a vécu quelque temps avec la mère de son fils, qui lui a été infidèle. Depuis, personne d'autre n'a traversé sa vie. « Ça fait un bout de temps quand même que j'ai pas… ne me demandez pas combien d'années s'il vous plaît. »

Pour lui, ne pas avoir de relation est un « non-choix », quelque chose qu'on [lui] « impose ». « Après, le sexe, c'est pas un besoin, je vais pas me taper la tête contre les murs, ou me ronger les ongles. Et puis, j'ai suffisamment voyagé pour savoir que, si c'est un gros besoin, il y a des personnes qui sont là pour pallier ce manque, et que je remercie, d'ailleurs… »

« Enfin, tout ça, ça fait longtemps, très longtemps. »

Le temps colle au rosé du matin. La matinée s'écoule comme ça. Jacques doit nous laisser. Il s'est promis de faire des courses pour déjeuner avec son fils. Une boîte de cannellonis, un sachet de salade verte. Il repassera peut-être dans l'après-midi, si c'est sur son chemin.

On pèse sur qui, quand on est lourd ?

« On m'appelle la Hyène, c'est mon surnom, parce que j'ai un rire qui porte. J'ai un rire de fou. » Samuel tente une démonstration. « Tu vois ?! » nous lance-t-il avec un clin d'œil.

Samuel a comme absorbé sa hyène. Son ricanement dévoile des petites dents pointues. Des cernes mauves. Un air de Fabrice Luchini. La veille, nous avons eu un premier aperçu du prédateur en situation…

Pour « faire connaissance », il s'est collé à nous, le bras tendu derrière notre dos, paume sur le comptoir, et il a placé son visage à quelques centimètres du nôtre. Il approchait son tabouret à mesure que nous reculions.

Autour de lui les hommes du bar s'amusaient de son audace avec les femmes, *a fortiori* avec des journalistes !

Mais là, dans cette petite cuisine derrière le bar où nous nous entretenons à l'écart des autres, Samuel hésite. Il multiplie clins d'œil à moitié assumés et éclats de rire gênés. Dès qu'il commence une phrase, il s'interrompt. « Non, je déconne. » Il tente. Il pose ça là, à disposition, et il voit si ça mord.

« Sec au bar, je ne pourrais pas parler, je serais l'ultra-timide. Je suis lourd par nature mais je suis aussi très réservé. Si je vois une femme qui me plaît vraiment, je ne vais pas y aller, je vais la laisser faire. »

Mais qui court après un prédateur ?

« C'est maladif, j'ai besoin de choses pour me désinhiber. Mais moi, quand je suis lourd, c'est du lourd gentil, pas du lourd vulgaire, du lourd, mais avec respect. Après, bien sûr, ça m'est déjà arrivé de me rater, de dire des trucs qui n'ont pas plu. Mais aujourd'hui on entend des choses… » Il lève les yeux au ciel. « Enfin bon, faut arrêter, on ne va pas inventer un nouveau système. De nos jours, il n'y a plus de communication entre les hommes et les femmes, on n'ose plus dire à une femme qu'elle est belle, on a la trouille. »

Quant à son attitude de la veille ? Il répond assez sèchement : « Oui mais, est-ce que je vous ai demandé quoi que ce soit ? Je me suis juste posé à côté, j'attends qu'on me repère. »

C'est toujours étonnant qu'un homme tente même quand c'est plié d'avance, même quand il a deux ou trois fois votre âge, même quand vous ne lui adressez pas le moindre regard et lui demandez d'arrêter. C'est plus étonnant encore avec le micro ouvert, l'étiquette Radio France en évidence, et l'objet de notre venue clairement énoncé : un reportage qui questionne l'avancée de l'égalité entre les femmes et les hommes.

Il sait qu'il plaît, selon lui, ça se voit, ça se lit, même, « dans le visage de la fille, comment ses yeux s'illuminent, ses mains qui s'ouvrent ». Il aime bien parler avec « la gent féminine » d'habits, de culture, de ses « connaissances larges ». « Avec les hommes, c'est tout de suite la déconne, les conneries. »

À choisir, il préfère les femmes plus âgées que lui, ou qui ont au moins son âge, car elles sont plus ouvertes. Avec les jeunes, « il y a trop de décalage de mentalité ». Elles sont en plus « toutes véganes », or lui est « un épicurien », il aime les bons produits, la bonne viande. Ça ne collerait pas !

Samuel a cinquante-deux ans, il est né en Haute-Saône, en Franche-Comté, et habite dans les Vosges depuis sept ans. Fils de paysan, il est commerçant, il vend de la viande « mais pas industrielle! ».

Jeune, il n'avait pas du tout confiance en lui, il ne savait pas faire l'amour, se sentait « nul à chier ». Il considère que la sexualité est un tabou chez les hommes, qu'ils ne disent pas ce qu'ils pratiquent, car pour eux « c'est honteux ».

« On sait pas toucher, on sait pas caresser. L'autre, il a un vu un truc sur un site, et il pense qu'il sait faire avec la fille. » À son époque, il n'y avait pas de pornographie en ligne. Fils de paysans, il a donc appris l'amour sur le terrain, en regardant « les vaches faire, la nuit ».

« Les femmes, c'est différent, elles en parlent beaucoup, elles veulent tout savoir. C'est le fameux Mars et Vénus… Point barre. On n'est pas fait pareil… » Il se lance dans une démonstration biologico-physiologico-éthologique. Puis s'arrête. Il doit sentir que nous n'avons pas envie d'entrer dans cette histoire de planètes. « Je ne pénètre pas souvent et pas longtemps, on fait plein d'autres choses dans la vie. »

En ce moment, il est en couple avec une Vosgienne. « Moi, je déteste les femmes jalouses, je suis un dragueur, il faut me comprendre. Du moment qu'on se respecte, c'est le plus important. Et puis j'adore sortir, je suis un oiseau de nuit. D'ailleurs, j'ai fait des tests de température du corps, et mon corps est froid le matin. La nuit, je me transforme. »

En quoi?

« Bah en loup-garou! »

Une hyène diurne qui se transforme en loup-garou, être hybride anthropophage les soirs de pleine lune. Mais la hyène, déjà loup-garou, vampire, chasseuse et charognarde, dans certains contes déterre les morts et les mange. La différence, c'est que chez les hyènes, la femelle domine la meute. Samuel semble l'ignorer.

Il retrousse les lèvres sur ses canines, l'œil brillant, il joue à nous faire peur.

Chez soi, c'est par où ?

Cédric a l'air réellement inquiet de ne pas voir arriver Maurice à l'heure habituelle, juste avant le déjeuner. Dommage, car il est allé chercher une pizza géante à partager avec les clients. Il tente de le joindre sur son téléphone.

Quelques heures plus tard, Maurice débarque, tout va bien. Couperosé, les lunettes qui tombent sur le nez, le nez en corolle, corail, qui tombe sur la moustache, le ventre et les grosses mains qui tombent sur les cuisses. La voix presque éteinte, coincée dans la trachée, qui laisse entendre qu'un tuyau doit désormais passer par là. La polaire ouverte sur un tee-shirt tendu sur sa panse et rentré dans le pantalon, les cheveux bien peignés en arrière. « J'aime bien me mettre un p'tit coup de sent-bon pour sortir. »

À soixante-treize ans, il est le plus ancien client du bar. Un vieux sage un peu bourré mais un vieux sage quand même.

« Il fait partie des murs, dans les deux sens du terme. » Maurice venait déjà boire des coups il y a quarante ans quand les parents de Cédric tenaient *Le Troquet*. « Je suis un Spinalien, un vrai. Je suis né à La Vierge, c'est comme ça qu'on appelle le quartier, au-dessus d'Épinal. J'y ai passé ma jeunesse. C'est ma seconde maison. Les gars du bar m'ont aidé à survivre, à passer le cap du malheur. Je suis bien, ici, je suis chez moi. »

Veuf, il passe désormais sa vie ici, à écouter celles des autres, à distribuer des conseils entre deux rosés. Lui, ça ne le dérange pas du tout de parler d'amour.

« Ma femme, elle m'a coupé le sifflet quand elle est partie. J'ai plus eu de rapports avec une femme. Je suis un curé, si on peut dire ça. » « Sifflet » : c'est surprenant qu'après Jacques, ce mot revienne pour dire autre chose. Ne plus pouvoir parler pour l'un, ne plus pouvoir bander pour l'autre.

Maurice avait vingt-six ans quand il a rencontré sa femme dans un bar où elle était serveuse. Lui gagnait beaucoup d'argent. Il avait une belle voiture, était bien habillé. « À cette époque, les filles n'avaient pas d'argent. »

Alors il lui a tout donné, tout son amour, toute sa vie. Il la voyait « comme une princesse », il aimait l'habiller, la gâter : « C'était simple, on descendait à Épinal, on faisait le tour des magasins, un soutif, un manteau. Ma femme, elle avait une boîte à bijoux que beaucoup de femmes auraient aimé avoir. »

Son épouse a fait pas mal de « petits métiers ». Elle a travaillé à La Chaîne des Vosges, une société de confection, puis, après son licenciement, elle a retrouvé un emploi dans un Ehpad à Épinal. « Elle est partie il y a dix ans maintenant de cette-saloperie-de-cancer-de-merde. Mon cœur est toujours à elle. C'est pour ça que j'ai jamais retrouvé une compagne ni rien. On avait des hauts et des bas, mais quand on se retrouvait, c'était l'apothéose, le soleil de mes nuits. On s'aimait d'amour, pas d'eau fraîche, mais d'amour. »

« Pour moi, un bon coup, c'était ma moitié. » Il affirme, sans fanfaronner, avoir pratiqué le Kamasutra « de *a* à *z* ». Son épouse, elle était « charpentée, potelée, il y avait de la matière à tripoter ». Il aime les femmes « avec une poitrine, un beau cul, c'est quand même plus beau qu'un ver de terre ». « Vous, vous êtes des belles filles, par exemple. Si un jour je retombais amoureux, il faudrait que la femme ait quarante-cinq ans. Euh non, cinquante-cinq, soixante ans, mais pas plus ! » Soulagement. Nous ne sommes pas encore tout à fait dans la cible et, quoi qu'il en soit, sa baguette magique « ne fonctionne plus très bien ». C'est peut-être pour ça qu'il ne recherche plus une vie amoureuse, « la pauvre femme, elle serait déçue ». Bien sûr, « le couchage » lui manque, mais il n'y arrive plus, « il y a un frein quelque part. C'est peut-être mon éducation, ma façon de penser, qui me fait dire que je peux pas tromper ma femme. En ce moment j'ai du mal des fois à dormir… j'ai des songes, je rêve souvent de ma femme, je la vois à côté de moi au lit, j'y peux rien, c'est comme ça ».

Ses mains épaisses se nouent et se dénouent, caressent son alliance. Maurice s'effondre sous ses lunettes.

Les bons coups et les mauvais coups, ça existe ?

Alexandre a une trentaine d'années, il est taillé dans la roche : massif, compact, solide. D'un rouge pas possible, rouge de la veille, rouge de ce matin. On ne sait pas bien. Il est midi vingt et il manque déjà quelques syllabes dans ses mots. Ça trébuche. Ancien tailleur de pierre, il a arrêté car il n'aimait pas la mentalité des Compagnons du devoir. Il travaille désormais dans les travaux publics, sur la voirie. Originaire de Châtellerault dans la Vienne, il est fils et petit-fils de bûcheron. « Je suis un peu bourrin. »

Il se présente d'emblée ainsi, se fond dans son cliché, comme pour devancer les préjugés. Il n'esquive pas les coups, il les anticipe. « Je fais énormément de sports de combat. J'ai un côté sauvage quand je fais du sport. Mais sinon, non, je suis quelqu'un de très doux, j'ai jamais levé la main sur une femme. » Nous ne lui avons pas posé la question. « Même à la boxe, je me suis fait presque virer parce que j'ai refusé de prendre les gants contre une femme. Je peux pas. Je sais calmer les choses quand il y a des crises, quand j'ai une rupture, je pars, je vais courir, je vais faire de la moto, je vais me défouler au judo, au foot, au Viet Vo Dao. Je vais taper dans mon sac de boxe. »

Parfois, Alexandre a peur d'être « trop protecteur » en amour. Il se souvient par exemple d'avoir cassé le bras d'un homme qui s'était trop approché de sa compagne. « Je sors toujours armé. C'est ça, mon arme. » Il montre ses poings. « Ma copine a eu peur, elle me pensait pas méchant comme ça. Je lui ai dit : "C'est comme ça, on te touche pas." »

« Tuer » et « protéger » partagent la même racine latine, *tutari* : « défendre », « garder ».

En ce moment, Alexandre est célibataire. Sa dernière compagne ne travaillait pas, « mais la maison était toujours propre », tout allait bien jusqu'au jour où il a découvert qu'elle prenait de la drogue. « Tout l'argent que je lui donnais passait dans l'héroïne. Je pensais qu'elle s'en servait pour faire les courses. Trop bon, trop con, comme on dit chez nous. »

Il enchaîne sur d'autres histoires : une mineure qui l'aurait dragué en boîte et qu'il aurait sortie de la prostitution sans jamais la toucher, un plan à trois avec deux femmes qui ne lui auraient avoué qu'elles étaient mère et fille qu'après avoir profité de son corps, et pour finir un gay qui aurait tenté de le violer.

Il travaille son suspense, boit ses propres paroles, pas mécontent de ses petites histoires. Nous ne sommes pas forcées de le croire, nous ne sommes pas là pour démêler le vrai du faux. Et tant pis pour la vérité.

Pour lui, hors de question de s'installer avec une fille rencontrée dans un bar et avec qui il couche le premier soir, elle pourrait n'être qu'une fille facile et doit donc rester « un plan cul ». « Maintenant je cherche la bonne, une fille qui se respecte. »

Le mot « respect » revient immanquablement dans sa bouche, comme dans celles de tous ces hommes. Il permet de clore le débat. Un mot plaqué, arrangeant, car il laisse croire que tout ça est avant tout une question d'ethos, de principe.

Être lourd mais dans le respect, ne pas parler au nom du respect, se battre au nom du respect. Ce qu'ils nomment respect et qui n'a rien à voir. Fierté, ego, orgueil, ces mots seraient-ils plus justes ?

Il faut se méfier du respect. Ce mot cache souvent la forêt, celle de la violence, de la domination et de l'appropriation. Un droit au redressement et à la correction. Que font les hommes des femmes qui ne « se respectent pas » ?

Quelques mois plus tard, Alexandre nous a envoyé ce texto : « Votre discussion m'a fait ouvrir les yeux, les filles, sérieux, continuez, vous êtes des femmes formidables. » Nous avons tenté de l'appeler plusieurs fois pour savoir sur quoi il avait ouvert les yeux. En vain.

Pendant ce temps-là, derrière le bar

Cédric est là six jours sur sept, dès 8 heures du matin. La nuit dernière, il a fermé à 4 heures. Parfois, quand il se réveille, quelqu'un attend déjà devant la porte. Ses parents ont ouvert *Le Troquet* en 1984. Lui a pris la suite en 1998 et emménagé au-dessus du bar, ça lui a coûté son mariage avec la mère de ses enfants, et ronge sa relation avec Émilie, sa compagne actuelle : « Heureusement j'habite ici, comme ça je vois un peu mes enfants. » Il en a la garde alternée.

Au bar, il est là pour écouter. Il se définit comme quelqu'un de discret, qui n'aime pas raconter sa vie. Il soigne ses clients avec sa patience et sa tireuse à bière, sans jugement. Mais lui a une « religion », il boit très peu et jamais avant 18 heures. Compliqué, car ses clients veulent toujours payer un coup au patron, c'est la tradition. Pour lui, la culture de l'alcool est un « truc du machisme ». D'ailleurs il entend tout le temps ce genre de phrases : « Moi, je bois des grandes bières, je bois des barons, parce que je suis un mec. »

On demande à Cédric ce qu'il ressent à voir tous ces hommes s'abîmer sous ses yeux. « On est une éponge, on ingurgite les problèmes de tout le monde, les difficultés professionnelles, de cœur. Ça nous touche car on connaît ces gens. Comme un psy. Dans certains cas, pour certains clients, c'est très difficile, je me suis vu appeler les secours, forcer des portes, aller chez eux car je les sentais pas bien, qu'ils appelaient au secours. Hier soir encore, j'ai retiré des clés de voiture. »

Il n'a plus la disponibilité d'esprit pour écouter les états d'âme d'Émilie sa compagne, qui l'épaule presque tous les jours au bar, en plus de son emploi à la mairie d'Épinal. « C'est un sujet de conflit à la maison. C'est vrai que, quand on a ingurgité tout au long de la journée les problèmes des autres, on n'a envie d'entendre que des choses festives ou joyeuses quand on rentre chez soi. »

« On » pour « je ». Cédric n'a pas envie de parler de lui, ça se voit, il a hâte que ça se termine, de les rejoindre « eux ». Il nous le dit avec diplomatie. « C'est drôle d'ailleurs que j'accepte de parler avec vous, car j'aime pas du tout ça. »

Qu'est-ce qui se passe quand la nuit tombe ?

Ça frappe à la porte de notre petite pièce. C'est drôle, ces hommes, qui au départ ne voulaient pas parler, n'en voyaient pas l'intérêt, et qui à présent font littéralement la queue.

« Alors il paraît que vous faites que parler de cul ? », « On peut se faire interviewer ? », « Il se passe quoi dans la pièce secrète ? »

Cette fois-ci, c'est Mimile. Tout le monde l'appelle Mimile, on imagine qu'il s'appelle Émilien. Mimile, le nom qu'on lui donne au bar, un pseudo qui amuse la galerie et lui évite d'aborder ses problèmes. Quand il rentre chez lui, une maison à quelques mètres du Troquet, redevient-il Émilien ? Des yeux pâles étirés bordés de cils longs. L'œil qui brille, qui pleure. Quelque chose d'adolescent dans le corps effilé et les cicatrices d'acné.

Émilien est de passage au bar, le temps de boire quelques Choulette, avant de sortir dans le centre-ville, là où il y a les jeunes et les filles. Il va avoir trente ans, il a dû abandonner son métier de paysagiste pour devenir conducteur de travaux dans le bâtiment. Après une relation amoureuse dont il a eu du mal à se remettre, il n'arrivait plus à assurer son travail correctement.

Cette relation amoureuse a duré cinq ans. « Puis il s'est passé ce qui se passe beaucoup à l'heure actuelle, elle est allée voir ailleurs. » Il a découvert une première fois des préservatifs dans son sac à main alors qu'elle s'apprêtait à aller en soirée. Dans un premier temps, il a pardonné avant de surprendre « des sextapes qu'elle faisait sur notre lit pendant que j'étais au travail, et qu'elle envoyait à une gonzesse, puis, une autre fois, à un couple de Nancy. Elle n'a pas cherché à se justifier, elle m'a dit qu'elle en avait envie ».

Notre époque le désespère, il la trouve trop « matérialiste et consumériste ». Alors, de la même manière, « quand il y a de la lassitude dans un couple, on va consommer ailleurs ».

Émilien déroule tout seul son histoire. Il est là pour parler de ça : son cœur cassé. Il est séparé depuis quatre ans. « Je m'amuse, sexuellement, j'ai fait plein de choses. Mais faire confiance à quelqu'un, ce n'est plus possible. » Après la rupture, il est allé en Thaïlande avec des copains, faire la fête avec des prostituées. Consommer à son tour ? « C'était dans le respect, on discutait, on faisait des jeux, on n'était pas là pour dézinguer à tout-va. On était aussi là pour rigoler. Je peux pas juste tirer ma crampe comme ça. »

Cette rupture est peut-être d'autant plus difficile à digérer que cette ex-compagne était venue combler toutes ses failles. Émilien raconte sa jeunesse « pas facile », sa mère comme une enfant, qu'il a hébergée, qu'il a dépannée, à qui il a payé une voiture. Sa mère qui oubliait de venir le chercher à l'école. Sa mère « hystérique, qui pleure de partout, qui retourne la maison ». Son père alcoolique. La violence, la colère. Son père qui le dénigre sur les réseaux sociaux, chez qui il ne faut surtout pas passer trop tard le soir. Quand il a rencontré son ex, il s'est dit qu'il n'était plus seul. « Une délivrance. » Mais il s'est pris « encore une épée dans le dos ». C'est ça qui le « bouffe ».

Après la rupture, il a passé six mois à ne plus manger, à perdre du poids, à ne plus dormir, à « casser la voiture ».

Il s'est beaucoup remis en cause. Ça tournait dans sa tête, en boucle, nuit et jour. Il se disait qu'il n'avait pas dû être à la hauteur sexuellement. « J'ai même eu un petit blocage, j'ai eu besoin d'avoir un petit accompagnement. Donc j'ai pris des pilules, du Viagra, du sildénafil, des petites choses comme ça... pour pouvoir subvenir à ce mal-être. Je me disais, c'est pas possible, j'ai vingt-six ans et j'y arrive plus. » Il a fallu qu'il se prouve qu'il pouvait encore plaire et « faire tourner la tête à certaines filles ».

Nous sommes plus que surprises que cet homme de notre âge nous dise, les yeux dans les nôtres, qu'il pratique le tourisme sexuel, a des problèmes d'érection. Il semble complètement détaché. Il flotte, tout glisse.

« La nuit, c'était le meilleur moment, avec mon ex-compagne. On avait un truc bien à nous, on dormait tout le temps en cuiller, collés-serrés toute la nuit, avec toujours ma main sur un sein – je suis désolé, mais c'est mon truc –, c'est des petits gestes qui ne valent pas grand-chose, mais c'est fort. » Il a l'air gêné tout à coup, bien plus que lorsqu'il était question de Thaïlande et de Viagra. « Ça fait trois ou quatre ans que je suis séparé, je dors plus dans mon lit, je dors sur le canapé. J'ai le dos démoli. Avoir quelqu'un, sentir sa présence, sa chaleur : c'est le manque le plus profond. Le sexe, ça fait 50 % de la vie d'un couple, mais la tendresse, l'affection mutuelle, ça, c'est le plus important. »

Tout à coup, il se ressaisit, s'endurcit : « Enfin, quand je dis tendresse. Je ne vais pas non plus être le pot de colle, à suivre la maman, comme un chien-chien, au pied tout le temps. » Alors, pour ne pas finir abandonné comme un « chien », Émilien est devenu « un charo » : un charognard. « Le charo va dézinguer à tout bout de champ, il va prendre une gonzesse, passer la nuit avec elle, et puis le lendemain salut. Et il en reprend une autre. »

Et charo, ça a un équivalent pour les femmes ? « Oui... ça s'appelle une salope. »

Il rencontre des filles à Épinal bien sûr, mais pas des « filles bien ». « Celles qui sont capables de ne pas coucher le premier soir, je trouve que c'est des belles personnes. Il doit y en avoir deux peut-être sur Épinal, je les ai pas encore trouvées. Je me remettrai en couple, j'essayerai... Mais j'y crois pas. »

Qu'est-ce qu'ils ont tous avec les filles bien ? Avec « la bonne » ? Une religion. Un truc qu'on va chercher toute sa vie, en étant parfaitement sûr de ne jamais le trouver. En tout cas, ils sont unanimes pour dire qu'à Épinal, il n'y en a plus. Ça ne sert à rien de s'évertuer à chercher. Que des michtos, des profiteuses, des intéressées. Pire, des dévergondées. Et toujours cette même obsession masculine pour la fille vierge, intacte, la femme qui n'attend qu'eux. Juste pour ce qu'ils sont. Et pas pour ce qu'ils ont ou ce qu'ils font.

Si tout le monde se sent seul, est-ce qu'on est toujours seul ?

Traîner encore un peu au bar, juste un dernier pour la route, faire un détour, « prendre des petites routes de forêt » pour rentrer. Aucune fumée dans le foyer. Imaginaire de sapinière et de tanière. De créature au sang chaud et au cœur froid. Ou bien serait-ce l'inverse ?

Qu'est-ce qui les attend chez eux ?

« Quand je rentre, je mange de la télé. »

« Qu'est-ce qui m'attend ? mon frigo. »

« Personne, comme ça j'ai de comptes à rendre à personne, mis à part à ma petite chienne mais elle, au moins, elle m'engueule pas. »

« Mais des fois c'est pas rigolo, faut avouer, ne même pas pouvoir partager. Ne serait-ce que d'aller se faire un cinéma ou un p'tit resto. »

« J'ai pas de canari, pas de chat, pas de chien, même pas un poisson rouge. Rien. »

« Des fois, ça monte, j'ai de l'anxiété, quand la nuit tombe entre chien et loup. »

« Quand on est seul, c'est surtout les soirées qui sont longues, c'est pour ça qu'un endroit comme ici, c'est un peu un pansement. »

« Comme si plein de colocataires se retrouvaient dans une pièce commune. »

« Avec les gars d'bistrot, je ne suis pas seul. »

« Ici, c'est ma maison. »

« Ici, on trouve de la lumière. »

Qu'est-ce qu'on noie quand on se noie dans l'alcool ?

Le soir tombe, la nuit monte.

Florian débarque dans notre petite pièce avec son grand Picon. Ça fait des heures qu'il est là, aux fléchettes, au flipper, mais surtout au comptoir. Pour un habitué du Troquet, il est plutôt jeune. Il parle fort, fait des blagues, tente constamment d'attirer l'attention. Il vient au bar pour « avoir du monde autour » de lui. Il transpire beaucoup, à commencer par le manque d'assurance.

« Qu'est-ce que je peux vous dire sur moi ? J'ai fait un peu tous les corps de métier dans ma jeunesse. Et puis sinon, j'ai été un moment en couple avec Miss Épinal fraîchement élue samedi dernier, si vous voulez tout savoir. »

Cette information le ragaillardit un instant, mais son regard replonge vite dans le liquide malté.

« En fait, c'est pas moi qui bois comme ça, disons que c'est de famille. » Pour lui, l'alcoolisme est héréditaire. Il a grandi dans une famille où l'alcool était une compétition : il fallait toujours que son père et son grand-père boivent plus que les autres. Il a vu ses parents se taper dessus à cause de ça. « En vrai, c'est une échappatoire, mais c'est pas la solution. Parfois j'ai peur de moi. »

Florian, tout comme Émilien, semble accablé par le poids de sa famille. Sa réussite l'écrase. Son grand-père était directeur divisionnaire des impôts, ses parents aussi sont très « haut placés » : « J'ai toujours été le fils de. » Il revient sur son enfance, le temps où il sautait des classes et savait lire avant tout le monde. Puis le décrochage. Il boit vite et il déverse.

Six fois déjà, il a perdu son permis à cause de l'alcool. Puis, il s'est retrouvé à la rue quelques mois sans oser le dire à ses parents, parce qu'il avait « déjà fait trop de conneries ». Il parle comme un enfant qu'on aurait surpris en train de faire une bêtise.

« Ici, au bar, je fais le monsieur, tout le monde croit que je suis joyeux. J'ai une carapace. Dans ma famille, on ne baissait pas la tête. »

Il dit ne pas aimer parler mais parle beaucoup. Il a même prévenu sa mère qu'il allait se faire interviewer. Il raconte tout : en plus de l'alcoolisme de ses parents, son père violent, sa longue déception amoureuse, l'avortement de sa compagne lorsqu'elle avait dix-huit ans, qu'il n'a toujours pas digéré. « Je devrais être père de deux enfants de onze ans. Je pense toujours à eux. Vous devez comprendre, vous êtes des femmes. »

Lui non plus ne vient pas au bar pour draguer. À dix-huit ans, il était svelte et beau, quand il arrivait dans un bar, il se sentait comme un « fauve lâché dans la prairie ». Un prédateur, encore !

« J'ai été un charo, mais je le suis plus. Maintenant, je fais rien ! J'attends. De longs mois, des années d'abstinence sexuelle. J'ai été trop triste. Le plaisir sexuel, ça sert à rien. Tu transpires cinq minutes, tu tiens une liste. » Il considère qu'il ne peut plus plaire, il a passé l'âge. Désormais, il compte ses cheveux qui tombent et regarde ses abdominaux ramollir. « Le problème, c'est que je n'ai pas vraiment d'attente envers moi, mais j'arrive quand même à me décevoir. Je ne rêve plus de rien, je n'ai plus d'envie. »

Il s'interrompt. « Ah, ça me perturbe notre discussion... C'est pour ça que les autres ils sortent tous de la pièce avec les joues rouges, qu'ils en peuvent plus. Vous êtes dures, quand même, j'ai l'impression d'être chez le psy, vous êtes pires même, vous me faites parler, c'est bizarre. »

Le spleen des Spinaliens

Les mots traînent de plus en plus, les bouches s'assèchent. Le débit s'accélère, celui de l'alcool aussi. Que faire de ces paroles si elles sont exprimées par des hommes ivres ? Que faire de leur consentement ? Nous décidons d'arrêter les entretiens pour la journée, quittons notre petite pièce calme pour retourner au bar. Cédric et un groupe de musiciens nous ont préparé un concert, ils tiennent à nous montrer les talents du coin mais aussi le lien hors norme qui les unit. Ils ont sobrement intitulé la soirée « Concert Radio France » sur Facebook.

Et ça commence par un medley de reprises : d'abord, « *Pour un flirt avec toi/Je serais prêt à tout, pour un simple rendez-vous* ».

Puis fauves, hyènes, loups-garous et charognards entament le refrain de *Le lion est mort ce soir* : « *Viens ma belle, viens ma gazelle/Le lion est mort ce soir.* »

Ils sont vraiment en transe. Certains tentent de prendre un air dégagé, aggravent ou accentuent volontairement les paroles, pour les tourner en dérision, établir une distance. D'évidence, ils sont émus.

Applaudissements, sifflements, encouragements. « Même si c'est faux, c'est bon ! »

Autre reprise kitscho-romantique : *La Bamba,* « *Por ti seré, por ti seré* » (ils ponctuent en ajoutant : *Te gusto!*

Te quiero!) puis, sans transition, on ne reconnaît plus les paroles. Emportés, en roue libre, ils nous balancent une réécriture-poème sur l'air de *Guajira Guantanamera* : « Gouine ta grand-mère, c'est une gouine ta grand-mère/ Chatte dans le miroir, j'ai vu ta chatte dans le miroir/ Foune dans la flaque d'eau, j'ai vu ta foune dans la flaque d'eau/ Couilles dans le rétro, j'ai vu tes couilles dans le rétro. »

Pour reprendre, l'air de rien, *La Bamba* avec les bonnes paroles, toujours sans transition : « Se necesita una poca de gracia... »

La soirée promet d'être tumultueuse. Ils sont déchaînés. Il fait une chaleur de bête. Le pire, c'est que c'est joyeux.

« Hmm, ça commence à sentir la transpiration. » La salle blindée réclame : « Cédric à poil! », « Montre tes nichons, Émilie! » Et surtout « La chanson! La chanson! » Celle qu'ils attendent depuis le début de la soirée. Leur rituel. Les Spinaliens ont composé un hymne à leur bar. Pour leur bar. Leur bar pilier. Leur bar dorsal. Leur bar spinal.

Leur Troquet qui paradoxalement les tient ensemble, debouts et vivants.

CHAPITRE 10

L'espace de la nuit

La Fabrique *à Montélimar (Drôme)*

Nous sommes vendredi soir, et c'est le dernier de l'été. Demain, la nuit sera plus longue que le jour.

Impatientes, Aline, Audrey, Séverine et Lucile sont les premières arrivées à *La Fabrique*. Elles s'assoient comme si, en un seul mouvement, elles déposaient la tension de la semaine et l'excitation du vendredi soir. Tournée générale de bière framboise. C'est leur rituel.

Elles sortent tout juste du salon de coiffure où elles travaillent, toutes pimpantes. Elles portent du rouge laqué sur les ongles et sur les lèvres, des talons aiguilles ou des espadrilles à semelles compensées.

Les trentenaires sont nos voisines de table. L'une d'elles nous demande l'objet de notre reportage. Réponse : « Qu'est-ce qui se passe quand la nuit tombe ? » Devant leur air interrogateur, nous ajoutons : « Pour les femmes. » Ça les fait rire. « Généralement, c'est l'heure du bain, des repas des gamins. » Une autre nuance : « Le vendredi soir, c'est le seul soir où on abandonne les enfants et nos hommes. » Elle précise que « souvent, les hommes, c'est encore plus contraignant que les enfants ».

Ce soir-là, le bleu du ciel tire sur l'orange et encore un peu sur l'été. À la manière des glaces à l'eau, spirale dégradée qu'on vend dans les kiosques de plage. C'est le bleu des ultimes nuits sablonneuses, peau dehors. Un bleu crève-cœur.

À quelques kilomètres au sud de Montélimar, entre les monts d'Ardèche et le Vercors, les nuits montiliennes se sont déplacées depuis quelques années au bord de la nationale 7, « la route bleue », celle des grandes vacances.

Sur le même parking ont poussé Monsieur Bricolage et Darty, Truffaut et Cash Piscines, Basic Fit et McDonald's, le salon de coiffure d'Audrey et le bar *La Fabrique* où nous sommes. Dans le style d'une guinguette géante, enfouie dans des bambous en pleine zone commerciale, la brasserie organise chaque week-end des concerts à ciel ouvert. Ça sent les pins et les ronds-points. Les lauriers-roses et les lampions multicolores éclairent un gros bus rouge londonien d'où sortent des pintes de bières ambrées et des burgers à étages. C'est le « concept brew pub », précise Sarah, directrice du lieu : « Ça brasse une variété de bières et de gens. » Ce soir, trois cents personnes : une population en peine de soirées et en mal d'aventures, qui a vu peu à peu les bars du centre-ville fermer.

Fabrice tient absolument à nous faire visiter « son bébé ». C'est lui le vrai patron, qu'il n'y ait pas de confusion ! Il commence l'inventaire de sa brasserie. « De toute façon, tu passeras pas à la radio, elles ne parlent qu'aux femmes », lui dit Sarah, qui est aussi la compagne de Fabrice. C'est lui qui a monté l'affaire et lui a donné son nom. C'est aussi lui qui fabrique la bière et qui détient les capitaux.

Si nous avions regardé la page d'accueil du site Internet avant d'arriver, nous aurions été prévenues. « Nous sommes là pour vous accompagner. Fabrice notre brasseur est aussi diplômé en œnologie… alors autant en profiter !! Mais Sarah est bien plus sympa ! À vous de choisir ! »

Une manière claire d'annoncer la couleur et de mettre en garde : Sarah sera la douceur, la communication et l'accueil, Fabrice, la technique et le savoir.

La répartition genrée des rôles est respectée. Les hommes ont le droit d'être froids, distants. On leur prête des airs bourrus qui cacheraient de meilleures intentions.

Gagner sa liberté

« Paradis glaçon, jus de kiwi, sirop de grenadine, tout est de ton côté. Tu te démerdes, chaton. » Fer et velours, marcel et pantacourt, queue-de-cheval courte, la mèche de devant rangée derrière l'oreille, des yeux bleu glacé, Sarah prépare l'équipe du bar avant le coup de feu. « Qui je suis ? Alors, je pèse 175 kilos, je suis énorme. » Elle éclate d'un rire franc, avant de se décrire comme « une nana lambda » de trente-trois ans, « pas trop grosse, mais avec de la cellulite ». Les autres lui trouvent une « tête autoritaire ».

Sa voix contient les codes de la virilité et de l'autorité. Cette voix propre à certaines femmes qui dirigent des équipes 100 % masculines. Une voix qui aimerait ne laisser aucun espace à l'objection. « Quand je demande aux mecs de faire un truc, je vais toujours passer par "mon petit chat, chatounet". » Elle affirme un caractère assez fort, trempé, et elle doit donc les amadouer pour rendre le message un peu moins brusque. Au fond, elle « couve » et « pouponne » les employés du bar, qui l'appellent même « maman ». « J'ai ce rôle un peu patriarcal… Euh matriar… ça se dit ma-tri-ar-cal ? »

Et elle ne cache pas en tirer un certain plaisir. Elle n'est pas maman dans la vie, « j'ai pas le temps, en fait j'ai déjà neuf enfants ici… ». Fabrice et elle envisagent d'en avoir un jour, mais privilégient pour l'instant leurs projets professionnels. Malgré tout, Sarah a sa *deadline*. « Je sais à partir de quand je veux plus laisser passer ma vie perso. Ça n'a jamais été un désir viscéral non plus d'avoir un bébé, mais je pense que, si je n'en avais pas, je le regretterais. Là j'ai trente-trois ans, je me dis que ça va, je suis encore dans le créneau. »

Sarah a d'abord été la cliente, puis l'amante, puis l'employée de Fabrice. Au bout d'un mois de relation, elle a préféré arrêter là leur histoire, par peur d'être « un boulet », « une nana dans [ses] pattes » qui lui demanderait du temps. Finalement, Fabrice lui a demandé de revenir et de travailler avec lui.

« Il y a toujours ce petit rapport de force entre nous quand même… Mais c'est très bien, il faut une hiérarchie dans la vie ! » À la maison, c'est elle la cheffe, mais ici, c'est lui. Ils ont défini leurs rôles comme ça. « Au boulot, quand il me dit : "C'est telle décision et ce ne sera pas ta décision", je dis d'accord. »

De quoi décide-t-elle, à la maison ? Elle réfléchit, hésitante. « Bon, je ne suis peut-être pas décisionnaire de grand-chose, mais quand je gueule à la maison, en général, c'est entendu. »

Quelque chose se brise sous ses mots. Sarah semble prendre conscience du déséquilibre au sein de son couple et vouloir s'en défendre.

Elle affirme être dans un schéma d'« antireproduction sociale ». Son père, « pervers narcissique avéré », avait un comportement « totalitaire » à l'égard de sa mère. Depuis l'enfance, elle s'est juré de ne jamais devenir une femme soumise.

« J'ai peu de temps pour moi, pourtant je n'ai aucune bille financière dans la société. Je le fais vraiment avec le cœur. Mais je ne veux pas être soumise de partout. Je ne suis pas non plus bobonne à la maison en train de plier le linge. »

Sarah veut se prouver qu'elle est capable de tout faire seule. Changer les pneus de la voiture, réparer le lave-vaisselle, la machine à glaçons et, pour ça, elle regarde des tutos sur Internet.

Sa mère, à son divorce, ne savait pas se servir d'une carte bleue. « C'est pour ça que je veux avoir mes choses à moi. On n'a pas de compte commun. Si ça finit mal, je suis complètement indépendante. »

L'indépendance, ça dépend de quoi? Compte tenu de l'évident succès de *La Fabrique*, c'est à se demander si elle est gagnante dans cet accord passé avec Fabrice. Comment mesurer, quantifier, évaluer... l'investissement, l'énergie, le temps et les idées de Sarah? « Si ça finit mal », qui les lui rendra?

Après un divorce, 20 % des femmes basculent sous le seuil de pauvreté*. Elles perdent en moyenne 31 % de leurs revenus, les hommes seulement 6 %**. Mais qu'en est-il de celles qui vivent avec leur patron ?

Au départ, Fabrice ne lui plaisait pas, elle le trouvait « imbu » de lui-même, le genre de type qui se « regarde dans le miroir en montrant le muscle ». « Mais en fait, il n'a pas du tout confiance en lui. »

En séducteur, Fabrice s'assoit souvent aux tables de filles. « C'est son côté commercial, ça lui plaît de se faire draguer. » Sarah dit n'être « heureusement » pas jalouse. Elle a malgré tout ses limites. « Il faut pas trop non plus qu'il aille au tactile. Parler en touchant le bras ou une main sur la cuisse, ça va, mais si je vois qu'il y a une main sous le tee-shirt, là je pense que… Bon après, je vais pas agresser la nana non plus. Puis, il vieillit aussi, donc à un moment donné, ça lâche un peu la séduction quand même, à un certain âge. »

Nous connaissons l'insécurité de Sarah, son angoisse, son impatience. Nous avons grandi avec. Nous aussi, il nous est déjà arrivé de nous dire : quand ils vieilliront, quand ils prendront du ventre et perdront leurs cheveux, alors nous pourrons dormir tranquilles.

---

*Cédric Lacour, « Les séparations : un choc financier, surtout pour les femmes », Insee, Analyses Nouvelle-Aquitaine, n° 64, octobre 2018.

**Céline Bessière et Sibylle Gollac, *Le Genre du Capital, comment la famille reproduit les inégalités*, La Découverte, 2020.

Mais s'il faut attendre qu'ils soient incontinents, impotents ou morts pour pouvoir à notre tour respirer, on risque de s'ennuyer.

Quand on dit oui, c'est pour la nuit?

Julie est arrivée seule au bar. Elle dépose devant elle son petit sac bandoulière qui contient un livre, des clés et son portable. Elle ne sort jamais sans, sinon elle ne se sent pas en sécurité. Elle commande une bière, nous aussi.
Elle aime l'ivresse qui délie les langues, « ça permet d'avoir des conversations plus longues, parfois plus profondes, de me livrer peut-être plus ».
Julie a vécu à Berlin il y a quelques années. Là-bas, elle sortait et buvait beaucoup, « trop peut-être ». Le sexe était alors pour elle une manière de s'affirmer en tant que « femme libre et moderne ». Aujourd'hui, elle juge « stupide » cette volonté de « séduire absolument ».
« Être une femme libre, moderne, c'est pas du tout ça. On a plein d'espèces d'injonctions contradictoires. Soit t'es une nonne, soit t'es une pute. Le truc au milieu n'existe pas forcément, en tout cas on n'en a pas de modèle. Et comme c'est hyper mal vu d'être une nonne, il vaut mieux être une pute. Être très sexy, plaire à tout prix et avoir une sexualité très débridée, voire violente. C'est considéré comme normal, finalement. Ça permet aussi de se prouver des choses socialement, de pouvoir en parler aux copains et copines. »

À vingt-six ans, Julie sait désormais qu'elle peut dire non. Mais à vingt ans, elle pensait qu'une fois qu'elle avait dit oui pour aller chez un garçon, le reste coulait de source. « Je trouvais encore normal de me forcer jusqu'à il y a très peu de temps. »

Nos propres souvenirs nappent l'histoire de Julie. Des flashs. D'abord : un sourire partagé au milieu de la foule. Flash. Une langue descelle nos lèvres. Flash. Un corps ondule derrière nous, durcit au contact de nos reins. Flash. Des mains moites rampent sous notre débardeur en coton. Flash. Le coin d'une banquette lie-de-vin mouchetée. Le tissu gratte. Flash. Un taxi. Flash. Flash. Noir dedans. *Black-out.*

Comme Julie, nous sommes nombreuses à n'avoir pris que tardivement toute la mesure de la notion de consentement, à n'avoir parfois pas osé refuser une relation sexuelle qu'on ne désirait pas vraiment, par peur de blesser, de décevoir ou par peur du rejet, avec l'impression de ne plus pouvoir faire machine arrière une fois certains rouages de la mécanique érotique enclenchés. Cela fait quelques années seulement que ce mot central de consentement a fait irruption dans le débat et dans nos conversations, agissant comme un révélateur, s'imposant comme la clé de voûte de toute relation sexuelle.

Julie aurait aimé savoir dire non plus tôt. Sa vie sentimentale et sexuelle en a été marquée. Elle repense notamment à une expérience où elle a ressenti de la douleur physique. « Ça, je le regrette et je le regretterai toujours, avec des conséquences à long terme. »

Elle commence seulement à retrouver une sexualité qui lui plaît. Elle s'est récemment séparée d'une personne qui a été toxique avec elle, qu'elle avait cru pouvoir aider avant d'y renoncer.

Elle se présente comme une grande amoureuse, toujours en couple, mais cherche à découvrir qui se cache derrière cette étiquette, lorsqu'elle est toute seule.

Dans sa jupe longue en jean, moulée dans un débardeur noir qui couvre une seule épaule, à la manière d'une guerrière allant au feu, d'une archère, Julie s'observe. Grâce à l'escalade, elle a des épaules plutôt larges, dont elle est « très très fière », mais qui posent problème à sa mère : « Oh la la ! Julie mais c'est quoi ces dorsaux ? On dirait un homme ! » Ça la fait beaucoup rire. D'autant plus qu'elle est prof de sport.

Son corps, qu'elle perçoit comme un défi aux lois du genre, qu'elle vit comme un affront aux injonctions sociales et à l'éducation familiale, est pourtant totalement *normé*.

Toutes, nous avons grandi dans un moule si étriqué que nous n'avons d'autre option que le dépasser ou disparaître. Des images d'enfance, d'après-midi passés devant Roland-Garros et les JO nous reviennent. Et avec, les sarcasmes des hommes de nos familles, de nos amis, devant la carrure de ces sportives, lutteuses, lanceuses de poids, tenniswomen, qui en plus leur faisaient l'affront de porter des prénoms de déesses. Des Vénus, vraiment ? Ces femmes qui hurlent sur les terrains, transpirent, exhibent leur carrure de camionneuse et leurs cuisses épaisses.

Les démons de la nuit

Des musiciens font courir des fils entre les tables. L'ajustement des basses étouffe difficilement le bruit des moteurs.

« Mojito fraise, gin fizz, piña colada, blue watermelon, fraisier. » Et puis aussi, « des grandes blondes et des petites brunes ». Celle-là, on la lui fait tous les soirs... « Je vais vous prendre une brune car je suis marié avec une blonde. » Tous les soirs, un client lui demande son numéro en lui sortant des phrases toutes faites : « Tout ce qui est petit est mignon. »

Carla est donc *brune, petite, mignonne...* Camouflée par des cheveux et un tee-shirt large, noir corbeau, des tatouages et des piercings, elle parle vite et s'excuse beaucoup. Pour le bruit sur la terrasse, pour ses collègues qui nous interrompent. Elle est serveuse depuis deux ans à *La Fabrique*, en attendant de passer le concours pour devenir infirmière, comme sa mère. C'est « sa vocation ».

« Quand tu es une fille, tu es obligée de te protéger, tu peux pas te livrer, dire ta vie privée, que tu habites ici ou que tu sors là. Sinon, le jour d'après, ils te posent des questions, demandent si tu es encore avec ton copain, proposent de te raccompagner... »

Carla se sent obligée de mettre « un masque, une cape ». Elle n'a aucune confiance en elle mais, derrière le bar, elle a le sentiment qu'elle peut « tout éclater ».

Un soir, un client lui a mis une main aux fesses. Elle a fait volte-face, « en furie, prête à lui retourner dans l'entrejambe », mais il lui a dit qu'il n'avait pas fait exprès et qu'il s'excusait. « Mettre un stop, c'est compliqué, parce qu'on est censées être tout le temps souriantes. »

Quand un client lui demande son numéro, Carla répond que ça ne l'intéresse pas. S'il insiste, elle demande de l'aide à un collègue. Certains comprennent, d'autres pensent qu'elle en fait trop.

« Serveuse, c'est pas un métier si simple. C'est pas seulement servir des bières et parler aux gens. Il y a plein d'autres métiers qui sont plus durs, bien sûr, mais mentalement ça peut être très ruinant. Certains ont des exigences et te mettent six pieds sous terre. »

Servir quelque chose. Servir quelqu'un. Servir à quelque chose.

Carla éprouve de la peine pour certains clients qui viennent tous le jours seuls au bar et ne voient personne en dehors. « On devient vite assistante sociale. Comme on est personne, ils peuvent se confier à nous, ça les délivre un peu. »

Petite, Carla était « la plus sage ». Elle s'imagine avoir toujours l'air de cette gentille fille aujourd'hui.

Plusieurs fois pendant l'entretien, Carla est interrompue par des collègues qui viennent demander des nouvelles. Elle est en arrêt-maladie depuis trois semaines : on vient de lui diagnostiquer un cancer des ganglions. « Je pense que quand on a des maladies comme celle-là, elles ne se déclenchent pas pour rien, ce n'est pas un hasard. Il y a des choses qui sont pas dites, des émotions qui sortent pas. Je sais qu'il y a quelque chose qui ne va pas mais je sais pas quoi. J'appelle ça mon démon. C'est un démon de ma tête, de mon corps, il faut que ça sorte. »

Danser et s'éclater, Clara ne sait pas faire, elle n'aime pas se montrer. Si elle peut rester sur une banquette, discrète dans un coin, elle préfère. Derrière le bar, elle observe les gens chanter, danser et « le feu se créer ».

C'est dans le feu d'une autre soirée ici qu'elle s'est laissé séduire par un serveur du bar avant de le regretter. « Je sors d'une relation hyper malsaine, hyper toxique. Il était trompeur, menteur, il s'inventait beaucoup de vies... » Face à cet homme, elle a eu « un peu le syndrome du sauveur ». Il lui a « promis plein de choses », puis il l'a rabaissée, méprisée, en lui disant qu'elle ne valait rien.

L'expression « pervers narcissique » dans la bouche de Sarah pour désigner son père, le mot « toxique » répété dans celles de Carla et Julie. Peut-être parce que la nuit est désormais tombée et que le concert vient de commencer, nous sommes promenées dans d'autres paysages de nuit, entraînées dans des décors de discothèque peuplés de Top 50, de hits de l'été sur lesquels nos amies et nous avons fait chœur et corps.

Julie et Carla ont-elles dansé comme nous sur des tubes pop acidulés et vertigineux ? Est-ce pour cela que Carla ne danse plus ?

Des tubes écrits par des hommes, chantés par des lolitas, des nonnes, des esclaves et des putes. « Tu es toxique, j'adore ça/Donne-moi un coup/Fais-moi tomber de mon piédestal. Encore une fois/Un baiser avec un poing c'est mieux que rien/La douleur est mon plaisir. Les bâtons, les chaînes et les pierres peuvent briser mes os/Je suis ton esclave*. »

---

* *Toxic*, *I'm a Slave 4 U* et *Baby One More Time*, de Britney Spears ; *S & M* de Rihanna ; *Kiss with a Fist*, de Florence and The Machine ;

Nous, adolescentes des années 2000, comme Julie et Carla, avons été bercées par ces paroles, nous avons appris à trouver normal l'amour qui fait mal, et même plus, à le désirer. Julie et Carla disent s'être rendu compte trop tard que leurs compagnons étaient toxiques. Mais n'ont-elles pas plutôt reproduit, sans le savoir, le schéma de ces amours qui n'en sont pas, qu'on nous a vendues comme la promesse d'une grande passion mais qui ne sont en fait que des relations inégalitaires, malsaines et abusives ? La conviction aussi de pouvoir, une fois la dimension pathologique identifiée, sauver ce grand blessé de ses mauvais penchants.

Il y a quelques mois, Carla nous a envoyé un message pour nous annoncer la bonne nouvelle. Elle a réussi son concours d'infirmière.

La mauvaise réputation

Élise a quarante-trois ans « et demi », deux filles de dix et douze ans avec qui elle vit seule une semaine sur deux, depuis son divorce il y a neuf ans. « J'aime beaucoup le concept, je le recommande : séparez-vous et vous retrouverez votre vie de femme ! » Assise jambes croisées, de longs cheveux noirs aux pointes rouges, débardeur, tongs, mini-jupe en denim qui laisse entrevoir, à son grand amusement,

---

Ultraviolence, de Lana Del Rey ; *Toutes les femmes de ta vie*, de L5 ; *Au soleil*, de Jenifer.

sa culotte blanche, elle nous prévient qu'elle ne pourra pas rester ce soir car cette semaine, c'est elle qui est de garde.

Élise ne se sent pas de sortir seule le soir dans un bar. Pour elle, ça envoie un mauvais signal. « Dans une ville à l'échelle de Montélimar, c'est vite fait d'avoir une réputation. Je n'y tiens pas du tout. Aujourd'hui, si tu cherches à te mettre quelque chose sous la dent, tu n'es pas obligée d'aller dans un bar en minijupe, tu peux aller sur Internet. »

Elle-même reconnaît avoir des *a priori* si elle apprend qu'une femme a eu plusieurs relations dans un même bar. Elle s'en veut de penser ainsi, mais elle ne « peut pas [s]'en empêcher ».

Cette propension à juger les filles dites faciles, à les mettre dans des cases en les pointant du doigt. Le *slutshaming*, c'est-à-dire le fait de stigmatiser, rabaisser ou culpabiliser une femme à cause de son comportement sexuel ou de son aspect physique n'est pas uniquement le fait des hommes. Même si Élise revendique une sexualité libérée et épanouie, elle a intégré malgré elle les biais sexistes qui, depuis des générations, entretiennent l'idée que le sexe est dégradant pour les femmes.

« De toute façon, avec l'âge je m'aperçois que ça m'intéresse plus, les trucs d'un soir. J'ai jamais attendu d'un homme qu'il me fasse jouir. D'ailleurs quand on parle entre nanas d'un mec, on dit jamais : "Qu'est-ce que je l'ai fait jouir !" Eux se basent là-dessus alors que : d'une, on peut simuler, de deux, on peut jouir sans eux, naturellement. »

Élise regarde l'heure. Il est temps de retrouver ses filles. Elle n'aime pas rentrer tard, seule, le soir. Parfois la nuit peut lui faire peur quand elle se balade dans les petites rues, qu'elle se fait siffler, « même si c'est pas méchant ». « J'évite ce genre de situation. Ou alors je ne me retourne pas si je me fais siffler. »

Ses deux filles grandissent, leurs corps changent, comme le regard que les hommes portent sur elles. Ce n'est pas rassurant. « Ils les regardent et, quand elles se retournent, ils voient que ce sont des enfants. Pour le moment, heureusement, ils tournent la tête. Mais je sais que ça ne va pas durer. »

Le feu maîtrisé

Cette soirée semble loin de s'enflammer. L'ambiance est pépère, chacun à sa table finit sa planche de picodon.

« Danser, ça nous libère, ça permet de se dépenser, de dépenser des calories. »

Un groupe de sexagénaires, Mado, Shérifa, Inda, Claudine et Véronique, toutes les cinq divorcées, composent une chorégraphie presque imperceptible autour de la table.

« On a été abandonnées par les hommes », lâche Mado, comme pour justifier leur attitude désabusée. En ce moment, elle ne veut personne dans sa vie. « On me dit : "Tu dégages quelque chose qui repousse les hommes", peut-être que c'est vrai. Je crois que comme je n'en ai pas envie, ça se ressent. Mais des fois, quand la nuit tombe, j'ai un peu le cafard, c'est là que je me rends compte qu'il y a quelqu'un qui manque. »

La taille compte

Nous demandons à la volée à toutes ces femmes – qui se présentent toutes comme hétérosexuelles – si les hommes qui leur plaisent doivent répondre à des critères physiques. Toutes commencent par nous répondre qu'elles n'ont pas de critères et toutes, sans exception, finissent par nous parler de taille et de carrure masculine. Comme si c'était une évidence.

L'une sait « naturellement [que sa] version mâle va être un peu plus grande, un peu plus carrée ».

Une autre nous dit qu'elle n'ira pas « avec un mec plus mince, parce qu[' elle est] grosse ». Elle aurait peur sinon de se « sentir hyper mal à l'aise, et de le casser en deux au lit ».

Une autre encore s'est fixé une limite à laquelle elle ne déroge jamais : « 1,86 m au moins. Impossible de [se] voir avec un garçon plus petit. » Elle a une espèce de rejet. Elle veut quelqu'un d'enveloppant, un peu bonhomme. Elle peut « trouver les petits très beaux, seulement c'est pas pour [elle] ».

« Tout ce qui est petit » serait « mignon »… Sauf s'il s'agit d'un homme ?

Il existe une forme de désinhibition et une certaine décontraction à parler ainsi des hommes maigres et petits. Ils sont effacés du « marché » sexuel et affectif, de manière quasi unanime et interculturelle. Le mâle doit être plus grand et plus fort que la femelle, pouvoir l'envelopper, la soulever, la protéger.

Encore un impensé. Nous commençons seulement à réfléchir à ce que signifient les critères de désirabilité des femmes et à en être choquées. Nous commençons à peine, depuis quelques années, à considérer nos goûts et nos penchants comme des constructions politiques et sociales, classistes, validistes et racistes, à réfléchir à la grossophobie ordinaire…

La violence de ce rejet unanime et banalisé envers les hommes petits nous questionne. Tant que les hommes n'auront pas le droit d'être petits, les femmes n'auront pas le droit de prendre de la place.

La bonne personne

Venue toute seule ce soir, Judith ne compte plus sur les rencontres au bar pour rompre son célibat. Elle s'amuse alors de la galerie de visages et d'abdos qui défilent sur son application de rencontres. Autour de nous ce soir à *La Fabrique*, c'est assez pauvre en hommes, surtout jeunes et non accompagnés. Mais Tinder n'est pas très généreux non plus. À huit kilomètres, l'application lui propose un Franco-Espagnol : « 1,87 m sans talons, international speaking, épicurien… » Elle éclate de rire : « Il y a beaucoup d'épicuriens sur Tinder, je suis pas sûre qu'ils sachent ce que ça veut dire mais y en a tellement, c'est *impressionnant*! Et puis, il y a aussi ceux qui mettent juste des photos de leur bite. »

Sur son profil, elle a écrit : « Ingénieure, modèle photo et aussi chanteuse dans un groupe de pop rock, entre autres… Je suis ambitieuse et j'aime tester de nouvelles choses. Je recherche une relation simple avec quelqu'un de bien. »

À trente-quatre ans et « célibataire depuis trèèèèèès longtemps », elle vit avec son chat et aimerait rencontrer quelqu'un. Elle craint d'être « très malheureuse si ça n'arrive pas ». Sur Tinder, elle a renseigné sa véritable identité mais, pour cette soirée avec nous, elle a choisi un nom d'emprunt : Judith. La reine de cœur. Peut-être se rêve-t-elle ainsi, en séductrice vénéneuse et courageuse, intransigeante et renversante. Celle qui sépare les corps et fait tomber les têtes.

Elle nous montre les photos de son profil réalisées par un photographe. Elle porte une robe beige en dentelle. « Elle est belle mais pas trop sexy. Décolletée, peut-être un peu trop. Mais longue : parce qu'il faut pas tout montrer. » Judith gagne bien sa vie et redoute de rencontrer un homme avec une moins bonne situation professionnelle et financière, de se sentir « obligée de compenser en étant la femme qui prend soin de son homme pour ne pas trop heurter sa virilité », de « devenir bobonne à la maison ». Judith est dans une situation compliquée, elle a envie de rencontrer un homme mais, depuis plusieurs années, elle « voit quelqu'un ». Ils ne sont pas vraiment ensemble. Elle est amoureuse, pas lui. Elle refuse d'être « un plan cul » mais elle s'empêche de lui poser les questions qui définiraient leur relation. « Je sais qu'une vraie histoire, c'est pas que des moments enfermés dans une chambre. C'est quand on peut se projeter un minimum… Sans forcément mettre d'option sur mes ovaires. Mariage, enfants, achat de maison. Je ne suis pas trop dans ce délire-là. » Mais lui, d'emblée, lui a dit qu'il ne voulait pas d'enfant, ne voulait pas « s'installer ».

Qu'est-ce qu'on dit quand on se contredit ? Pas un plan cul, mais pas une relation sérieuse, quelqu'un qui veut s'engager mais pas sur le long terme, qui ne veut pas forcément d'enfant, mais qui ne s'y oppose pas non plus. Aux hommes, surtout ne pas leur laisser croire qu'elle prendrait l'amour au sérieux, et ses désirs avec. Ne rien afficher, exiger, demander, exprimer, réclamer. Seulement bluffer.

Nous repensons aux hommes rencontrés au troquet d'Épinal, à qui nous avons posé les mêmes questions qu'à ces femmes. Si eux semblaient croire que les femmes ne voulaient que s'amuser, et si les femmes comme Judith font mine de ne pas vouloir s'engager pour ne pas faire peur aux hommes, comment le jeu peut-il continuer ? Qui a un coup d'avance ? Et peut-il seulement y avoir un coup d'après ?

« Je pense que dans sa tête, c'est assez clair que je suis pas la bonne mais pas suffisamment pour qu'il me laisse tranquille. Je me suis posé cent mille questions par rapport à cette relation. Est-ce que je ne suis pas assez bien ? Ou bien c'est juste que je suis pas la bonne et qu'il faut l'accepter. »

Bobonne. Bonne. Trop bonne. Mais jamais la bonne.

« Ou bien est-ce que c'est ma couleur de peau ? Je me suis beaucoup posé la question sans oser vraiment la formuler. C'était trop dur. Je suis noire, c'est des questions qu'on se pose beaucoup quand on est face à des comportements qu'on n'arrive pas à cerner. » Pour elle, certains hommes n'assument pas d'être vus avec des femmes de couleur. « La femme noire est très sexualisée, c'est la fille des îles, les courbes. Certains hommes me voient uniquement à travers le prisme sexuel. Quand ça se passe bien à ce niveau-là, j'ai toujours peur que le mec ensuite n'aille pas plus loin que le côté exotique. »

Le récit de Judith fait écho à la difficulté, voire à l'impossibilité des femmes noires d'accéder à une relation de couple dans une société française encore profondément raciste et imprégnée de son histoire coloniale. Le fait que ces femmes soient à la fois sursexualisées, fétichisées et masculinisées (elles ne rentreraient pas dans les codes normés de la féminité pensés à partir de la féminité blanche) est de plus en plus documenté par les féministes noires sous le terme de « misogynoir ». Il exprime la double peine que subissent les femmes noires : soumises à la domination des hommes, exclues de la communauté des femmes. Il est le résultat du racisme et du sexisme qui, loin de simplement s'additionner, se démultiplient au contact l'un de l'autre*.

Elle plaide coupable : « C'est sûr que la tenue que je porte ne m'aide pas à ne pas être sexualisée. » L'air sérieux sous ses lunettes rondes d'ingénieure, elle regarde sa robe moulante en similicuir, se jauge, se scrute, s'évalue. Il n'est pas difficile de l'imaginer choisissant sa tenue du soir, et, avec, l'impitoyable barème qu'elle s'impose. Intelligente et sexy. Désirable et hors d'atteinte. L'impossible équilibre.

---

*Voir à ce sujet Christelle Murhula, *Amours silenciées, repenser la révolution romantique depuis les marges*, Éditions Daronnes, 2022.

Un homme entier

Engourdis, les clients semblent vissés à leurs tabourets, piégés par les planches de charcuterie et les pintes de bière au nougat. Alors, ils se contentent de marquer de petits coups de cervicales, rarement en rythme. De simples preuves qu'ils sont encore bien là.

Sur scène, les musiciens continuent de tout donner. Et ça exaspère Fanny et NJ : « Les pauvres, autant mettre un jukebox!!! » Les deux blondes décolorées sont faciles à repérer. Ce sont les dernières debout et les premières à chanter, crier, siffler.

« NJ m'a fait la surprise d'arriver, elle est venue me chercher, ça faisait longtemps que j'étais pas sortie, j'étais comme une gamine quand je l'ai vue débarquer. »

NJ pensait que *La Fabrique* serait « gavée de mecs » ce soir, mais la réalité est tout autre. Il n'y a « pas d'hommes. Donc du coup bah, on boit! »

« Arrête, on va passer pour des pioches. Non, mais on est là pour décompresser car on est des mamans séparées. »

Elles se présentent comme des « cousines gipsies », des gitanes nomades qui déménagent tous les ans. Des vagabondes ; l'une pizzaïola, l'autre maraîchère.

« Je cherche encore un mec qui ait de la douceur, une certaine sensibilité, mais faut aussi qu'il ait des *cojones*. Un gars qui, quand il fait l'amour à sa femme, pense pas qu'à son plaisir. Un homme entier. Le respect de la femme, c'est le plus important et qu'il se croie pas supérieur. La force du lion et la douceur du chat. Mamamamama. »

Fanny mime un léchage de babines. L'une affirme, l'autre confirme. Elles font les questions et les réponses, et nous les écoutons, médusées.

« Franchement, je le dis, j'aimerais bien que les mecs redeviennent un peu comme avant, qu'ils retrouvent du respect, de l'élégance, le gars qui ouvre la porte de la voiture, qui t'invite au resto, les vraies valeurs, quoi. Avant, les gars, c'était vraiment des gars, maintenant, c'est des gonzesses.

— Quelqu'un de rassurant, qui s'assume, parce que souvent les bonshommes, au lieu de chercher une femme, ils cherchent une deuxième mère. Et ils savent plus séduire. C'est les anciens qui savent séduire. Je veux pas dire que c'était mieux avant…

— Mais c'était mieux avant », tranche NJ.

Comme chez les hommes d'Épinal, la notion de respect habite Sarah, Élise, Judith, NJ et Fanny. Elle est une ligne de conduite, mais aussi une limite à leurs désirs. Une nouvelle injonction à se tenir droite, à ne pas déborder. Respect, ça veut dire estimer bien sûr, mais ça veut dire aussi « regarder derrière soi, en arrière, reconsidérer ce qui a été énoncé et admis dans le passé, et en tirer les conséquences dans le présent ». Mais était-ce vraiment mieux avant ?

« Maintenant, les mecs t'abordent, te demandent ce que tu fais dans la vie, mais en vrai ils en ont rien à foutre. Ils te parlent d'eux et de leurs passions pourries. Si tu es une femme qui a de la discussion et du caractère, c'est vite réglé. En vrai, ils viennent te voir pour niquer et le lendemain ils vont aller en chercher une autre pour faire un tableau de chasse.

— T'as des gars, c'est les pires beaux gosses : tu tombes la langue, t'en peux plus tellement ils sont beaux. Mais c'est les pires connards.

— Parce qu'ils savent qu'ils sont beaux gosses, ils pensent que tout leur est acquis, qu'ils ont rien à faire. Alors que le corps de la femme, il y a tout à faire, il y a plein de choses à découvrir. Combien de femmes jouissent jamais ? C'est honteux ! Le problème, c'est qu'on a mis trop de temps à écouter les femmes par rapport à leur plaisir. Un homme, c'est pas compliqué, c'est malheureux à dire, si tu veux le faire bander tu n'as pas besoin de stimuler plusieurs zones, alors qu'une femme c'est comme un diesel, ça prend du temps. Une petite main en dessous, des caresses avec ton gars dans un bar, et puis tout à coup t'es obligée de t'enfuir pour aller… Mais attention, discrètement. Faut se respecter, faut toujours se respecter. »

Leurs propos se confondent, les confondent. Cette conversation, nous imaginons qu'elles doivent l'avoir en boucle, et ce spectacle, le répéter à l'infini.

« On n'avait pas besoin de draguer quand on était jeunes, on était canon. En discothèque, je me souviens, on était les seules filles à tenir l'alcool mieux que les hommes.

— Faut dire qu'on était super bien gaulées quand on avait vingt ans, sexy nature en petite robe, haut en dentelle, tour de poitrine balconnet, style *spanish*, je kiffais. Ça me rappelle que ma mère, elle m'avait fait un scandale car un jour j'avais mis le haut de Madonna. »

Mais aujourd'hui, Fanny ne veut plus qu'on voie son ventre.

« Passé quarante ans, ça fait vulgaire, il y a un âge pour tout. Je m'habille simple ; pas en pouf, pas clafie de maquillage. Le strict minimum, juste un peu de noir car je suis claquée de la semaine, jupe courte mais avec un legging en dessous car les gars sinon te prennent pour une pute.

— Bah moi, si je pouvais, je le montrerais, mon ventre. Mais je peux plus me voir depuis vingt ans. Je mise tout sur mon caractère. Après, mon corps, il ne m'appartient pas. »

NJ, qui ne peut plus voir son corps depuis vingt ans, a trente-neuf ans. Et Fanny quarante-trois. Leurs considérations sur leurs corps nous rappellent celles de nos mères qui ne s'autorisaient plus à porter de maillot deux-pièces après plusieurs grossesses. Les bikinis, c'est pour les jeunes ! Montrer le haut de ses bras et ses jambes au-dessus des genoux, aussi.

Le bar n'est pas forcément le meilleur endroit pour rencontrer la bonne personne.

« Tu vois, je pourrais aussi bien croiser un mec dans un supermarché. Ça m'est déjà arrivé, ça, tu vas faire tes courses, et puis tu reviens, tu as le numéro sur le pare-brise. J'adore.

— Oui, ça c'était avant, et ça manque, maintenant on sait plus comment faire. La vérité, on est perdues. Et en fait, moi je suis timide, j'ai un caractère fermé. Quand un gars est super bien, ça m'intimide… Tu repères le chanteur, là sur scène… ? Putain j'le kiffe, je kiffe ce style, y a plein de choses que je sens super bien en lui. Mais jamais j'vais oser.

— C'est une différence de génération. Les réseaux sociaux sont arrivés. Les meufs, elles te mettent des photos, on dirait toutes Cindy Crawford. Alors qu'en vrai y en a qu'une sur mille qui est Cindy Crawford. Et toi, t'es là, tu fais pas des trucs comme ça parce que t'as quarante ans. Tu mets pas des photos avec ta bouche en cul de poule. »

Mais veulent-elles seulement encore des hommes ?

« Bah oui, c'est important. Comment tu fais l'amour, sinon ? Et puis la complicité, aller au resto et rigoler avec un bon verre de vin. Le partage des plaisirs. Une caresse sur le visage d'un homme, d'un vrai homme. Ça, c'est juste quelque chose qui est irremplaçable.

— Comme on est nature peinture : aujourd'hui, avec notre caractère, la plupart des hommes, on les fait flipper, la vérité.

— Bon, vous avez compris, en gros, ça fait longtemps qu'on n'y est pas passées. Ahahahha !

— Mais non, moi, ça va non, non…

— Houla ! bah moi, ça fait trois ans. Puis avant ça, dix ans avec le même, dont dix ans pourris. Donc tu calcules, ça fait treize ans. Maintenant j'élève seule deux enfants vingt-quatre heures sur vingt-quatre, sans garde possible. Comme j'peux pas les abandonner, je sors très rarement. C'est ça qui est difficile quand t'es maman. Nos gamins, c'est notre vie. Tu pars plus à la chasse au bonhomme, et d'ailleurs tu le ramènes où, avec le gosse qu'est là ? »

Les musiciens s'interrompent, NJ et Fanny se lèvent comme une seule femme et hurlent. « Wooo ! Mais alors, y a personne qui applaudit ?? »

Des femmes qui parlent fort, qui font du bruit... Ça crée comme une onde de silence, une vague de malaise. Ça écarte les hommes, tandis que la soirée se referme déjà.

« Moi, depuis juin que j'ai perdu mon taf, je me sens bien seule, surtout quand le soir, il y a tout qui ressort.

— Ce soir, il faut en profiter, c'est la première lune de septembre, la lune de reconstruction. C'est important, la lune a son influence, surtout sur nous, les femmes. Regarde le ciel, il y a des étoiles filantes, c'est magnifique. On me surnomme la sorcière car je parle aux animaux et je lis dans les gens comme dans un livre ouvert. C'est pour ça que les gars, je me méfie, car je peux voir en eux. »

Elles trinquent en terminant la bouteille. « À notre amitié! On est les mêmes, on a les mêmes pensées, on se traverse. Dans une autre vie, on devait être sœurs jumelles.

— Par contre je vais vous laisser parce qu'après il va partir et je ne pourrai pas discuter. »

Il, c'est le chanteur. Trop timide pour l'envisager il y a seulement une heure, Fanny, certainement par bravade ou par sens du spectacle, se dirige vers l'estrade. NJ suit du regard sa jumelle qui ose pour deux. Fanny demande le numéro du chanteur, comme un baume au cœur, et une preuve à rapporter chez soi d'une soirée pas entièrement ratée.

« Bon bah avec tout ça [tout ça = nous], c'est trop tard pour reprendre un verre », regrette NJ, légèrement de mauvaise foi. « Un de plus ou un de moins, en même temps, c'est pas très grave. »

Qu'il s'agisse d'un verre ou d'un homme?

Depuis la fenêtre de sa cuisine située au rez-de-chaussée du bus anglais, et en plein milieu de la terrasse, Aurore, la cheffe préposée aux burgers, observe comme chaque soir la scène qui se joue entre ses client.e.s, les manèges interrompus, les attentes déçues, les espoirs révolus.

« D'une manière générale, je trouve les femmes plus inquiètes. »

CHAPITRE 11

Je fais ce que je veux avec mes cheveux

Salon IB Coiffure à Velars-sur-Ouche (Côte-d'Or)

Impossible d'ignorer ce à quoi nous ressemblons une fois passée la porte du salon IB Coiffure de Velars-sur-Ouche. Des miroirs, partout. Notre reflet en kaléidoscope. En pied, de trois quarts, puis en gros plan si on ose s'approcher. Nous jetons un regard vers les modèles de papier glacé exposés au mur. Des femmes, jeunes, blanches, des cheveux lisses et volumineux. Des coiffures de stars de cinéma impossibles à réaliser chez soi. D'ailleurs, s'agit-il de femmes réelles ou de visages entièrement photoshopés ? Ce sont en tout cas des idéaux, l'espoir d'une transformation à la sortie du salon.

Beaucoup de clientes évitent de les regarder de trop près, encore plus celles qui ont dépassé la cinquantaine. Elles détournent le regard, comme avec les photos de jeunesse qu'on range dans une boîte pour éviter de sombrer dans la nostalgie. Elles font pareil avec les miroirs du salon. Mais parfois le reflet d'une ride s'invite dans leur champ de vision. Ces dames soignent leur apparence physique tout en la fuyant : elle leur rappelle l'infamie de la vieillesse, les souvenirs de jeunesse comme les reflets du présent. Mais à quoi ça sert de prendre soin de son corps si on ne l'admire pas ? « On n'est plus comme avant, faut pas se mentir », nous confie une sexagénaire, aluminium sur la tête, qui vient tous les mois refaire sa teinture blonde pour cacher ses cheveux blancs.

Alors, peut-on parler de coiffures de vieilles ou de coupes féminines ? Toutes les dames que nous avons interrogées ont botté en touche face à nos interrogations. Nous avions imaginé que le court était encore associé à la vieillesse, le long à la féminité. Mais nos jugements sont dépassés, le silence des clientes qui suit nos questions le confirme.

Pour nous répondre quelque chose et nous faire plaisir, elles nous parlent des hommes qui ont plus de force pour porter des choses lourdes, des femmes qui doivent faire attention à la façon dont elles s'habillent pour ne pas attirer le regard masculin… Ces paroles nous disent à quel point les normes de genre sont intégrées par les femmes, rien que nous ne sachions déjà. Des réponses attendues, binaires, que nous avons presque provoquées.

Ça aurait pu s'arrêter là si les réponses des clientes n'avaient été plus pertinentes que nos questions. Si elles n'avaient voulu nous parler de leurs vies, qui racontent, en elles-mêmes, toute la complexité des relations entre genre et beauté. Elles ont alors fait émerger de nouvelles interrogations : est-ce que l'émancipation passe aussi par ce que nous montrons ? Qu'est-ce que ça veut dire, « prendre soin » de soi et des autres ?

Mettre des couleurs dans sa vie

Nous sommes un vendredi au cœur de l'été, la climatisation du salon fait sécher la sueur qui colle à la peau, et le short avec. C'est un temps à manger des boules de glaces dans de grandes coupes.

Façade violet et blanc, le salon d'Isabelle, baptisé *IB Coiffure Esthétique* selon ses initiales, est situé dans une zone commerciale. D'un côté, le parking d'une enseigne belge de grande surface, le bruit des voitures et des Caddies qu'on pousse. Et de l'autre, une voie verte qui longe la rivière de l'Ouche et draine un flot de cyclistes en balade. Nous ne sommes pas tout à fait à la ville, pas tout à fait à la campagne non plus. Velars-sur-Ouche, « V'lar » comme disent les gens du cru, est à dix kilomètres de Dijon ; une ville périurbaine en somme avec son église, son café de la Poste et le souffle de l'A38 qui passe à 100 mètres de là. Des habitants dont la famille est implantée sur le territoire depuis des générations et de nouveaux arrivants qui travaillent à la grande ville et ne rentrent que le soir.

Colette fait partie de la première catégorie, c'est d'ailleurs la doyenne du salon. Elle vient s'y faire coiffer toutes les semaines depuis trente ans, bien avant qu'Isabelle ne le reprenne. Colette a une voix de fumeuse, mais qui s'envole vers la douceur de l'enfance au moindre rire. À soixante-dix ans, la retraitée occupe son temps en sortant avec ses copines et en gardant ses petites-filles. Mais surtout elle « profite du repos ». Parce que Colette a travaillé, beaucoup et longtemps. Elle a enchaîné depuis son adolescence des postes d'employée de magasin et d'ouvrière dans les usines de la région. Colette est aussi une figure locale. Certains nous parlent de « la dame aux cheveux rouges ». Rouge, comme ses convictions de syndicaliste. « Au travail, j'ai aidé beaucoup de personnes. J'aimais défendre les gens. Je ne supportais pas l'injustice. C'est toujours le cas aujourd'hui. »

Colette aime les couleurs, en particulier quand elles sont dans ses cheveux. « Peut-être parce que je n'ai pas eu beaucoup de couleurs dans ma vie. » Elle a d'ailleurs testé toutes les teintures du salon : « J'ai essayé des choses incroyables ! Du rouge, du noir avec des mèches vertes. Elles m'ont tout fait. » Aujourd'hui Colette a la tête toute blanche, un blanc qu'Isabelle entretient avec soin.

Elle se tourne vers la patronne du salon. « Quand est-ce qu'on doit refaire la couleur ? Sur mes notes y a marqué… » Isabelle conserve dans une boîte les fiches des teintures de toutes ses clientes. Un historique chromatique dont Colette détient évidemment le record. Associé à son nom, un épais paquet de fiches agrafées les unes aux autres. Un trésor que Colette aime bien feuilleter pour se souvenir du temps où elle a testé tout le nuancier. « La libération de la femme fait que je fais ce que je veux avec mes cheveux. Je demande rien à mon mari », précise-t-elle.

Pourtant, cela n'a pas toujours été le cas. Avant la liberté d'épouse, c'était aux attentes de son père que Colette devait répondre. Jeune fille, elle avait les cheveux très longs. Ce n'était pas qu'elle aimait ça, mais son père « adorait les grands cheveux ». Elle nous raconte avec beaucoup de fierté le moment où elle a eu le courage de couper sa longue tignasse. Son père en est resté bouche bée.

« À un moment, quand on en a marre, il faut savoir dire non, moi je coupe mes cheveux ! » Aujourd'hui, Colette la rouge aux cheveux blancs porte toujours le court de son premier acte de rébellion.

Blanche comme neige

Isabelle termine de coiffer Colette, le bruit du sèche-cheveux interrompt notre discussion. Nous retrouvons Colette assise à la table de la boulangerie, à côté du salon. Elle fume une cigarette et nous vante les mérites du comité des fêtes de son village. Louise, qui attendait dehors, nous rejoint. Elle a vu notre annonce informant de notre passage au salon et est venue de Dijon pour nous rencontrer.

Colette et Louise ont toutes les deux les cheveux blancs et presque cinquante ans les séparent. C'est un choix pour toutes les deux, quoiqu'un peu forcé pour l'aînée. Louise, étudiante de vingt-deux ans, vient de teindre ses cheveux, anciennement roux, en blanc. « Peut-être parce que je suis une vieille âme. Puis on m'a souvent dit que je faisais plus vieille que mon âge, surtout les hommes, je ne sais pas pourquoi… »

Cheveux ondulés, yeux bleus, Louise porte un dos-nu en macramé, un short et des Dr. Martens aux pieds. On lui fait souvent des compliments. « Je vais pas mentir là-dessus. Depuis que je suis toute petite, surtout dans les repas de famille, on m'a souvent dit que j'étais jolie. » Ces compliments lui font toujours plaisir, « mais des fois, c'est comme si on me mettait un truc entre les mains et que je ne savais pas où le poser ».

Alors elle a choisi le blanc pour se rendre invisible aux hommes. « Cette coupe, je veux qu'elle dise : "Je ne suis pas comme tout le monde et je vous emmerde si ça ne vous plaît pas." » Préadolescente, Louise n'avait pas l'assurance de la jeune adulte que nous avons en face de nous. C'était une petite fille introvertie, du genre à filer droit et à se taire en classe. Une fois entrée au lycée, elle décide de s'en « foutre du regard des autres » et porte toutes les couleurs de l'arc-en-ciel : « C'était ma manière de m'émanciper. C'est passé en premier par mon apparence, par ce que je voulais montrer au monde, ensuite par ce que j'avais dans la tête et comment je voulais l'exprimer aux autres. »

Aujourd'hui, Louise est étudiante en solidarité internationale et développement durable dans les pays du Sud. Quand elle nous parle des femmes, elle prend bien soin de préciser que nos canons de beauté sont ceux de l'Occident. Elle cherche souvent ses mots, veut bien s'exprimer. Son discours est encore en cours d'articulation, dans sa voix et dans sa tête : « Je trouve que les femmes sont des reines parce qu'elles ont des capacités incroyables qui sont bien sous-estimées par le patriarcat. Désolée, je reviens beaucoup sur le patriarcat. C'est un peu mon dada. » Louise est une des rares femmes rencontrées au cours de nos tournages à se présenter d'elle-même comme féministe.

Classique

« Shampoing-coupe-coiffage cheveux longs, shampoing-coupe-coiffage cheveux courts, forfait jeune fille, attaches fillettes, coloration, permanente, chignon, forfait mariée... » À l'entrée du salon sont affichées les prestations proposées par Isabelle et ses employées. Les références de « coiffure au féminin » dominent de loin celles de « coiffure au masculin ». Les prix aussi. Les hommes que nous croisons ne s'attardent pas : quelques mots échangés que le son de la tondeuse vient interrompre, quatre claquements de ciseaux, et on reprend sa voiture. Nous sentons leur appréhension à rester dans ce lieu où la sororité est palpable.

Un homme, la quarantaine, le visage rosé et la voix gouailleuse, passe la tête à travers l'entrebâillement de la porte d'entrée : « J'arrive, hein! » Il s'adresse à Isabelle, c'est elle qui s'occupe toujours de ses cheveux. « Pour les hommes, venir chez le coiffeur, c'est aussi leur petit moment à eux. Contrairement à ce qu'on pourrait croire, les femmes ne sont pas si pipelettes que ça. Alors que les hommes parlent énormément. » C'est le cas de ce nouveau client qui fait le fanfaron pour amuser les employées. Il est le seul homme dans le salon, les rires féminins saturent la pièce. Assis dans son siège, il est le centre de l'attention et il a l'air d'aimer ça. « Alors, chef, aujourd'hui vous n'allez pas avoir ce que vous voulez. » Ce matin, Isabelle a reçu un appel de la femme du client qui lui a donné des instructions pour la coupe de son compagnon : surtout, pas trop court. De grande gueule, il passe à spectateur de sa transformation, figurant dans son propre corps. Le grand rôle est tenu par sa femme. Mais Isabelle, comme à son habitude, réussit à lui redonner le sourire.

La patronne du salon est une pimpante quadragénaire. « Écoute, patience et empathie », ce sont les trois qualités pour lesquelles les gens l'apprécient. Elle aime le bruit des ciseaux qui claquent. « Le cheveu, c'est vraiment une matière vivante, c'est important de les respecter. » Ce métier s'est présenté comme une évidence dès l'enfance et, même après vingt-cinq ans de pratique, l'attention qu'elle porte à ses clients est intacte et touchante. « J'aime passer ce moment avec la cliente, avec l'humain, quoi. Il n'y a pas que la coupe, il y a beaucoup d'écoute. » Certains clients viennent parfois voir Isabelle pour être réconfortés. Il faut dire que sa manière de vouloir « toujours être dans le positif » est contagieuse.

Isabelle porte la même coupe depuis des années, un carré avec des tons cuivrés, « simple et efficace, je ne suis pas dans l'extravagance! ». Elle se présente comme quelqu'un de classique : 1,64 m, yeux marron, 38 de pointure, « mes parents n'ont pas pris d'options me concernant! ». Elle répond aux questions rapidement, presque étonnée d'être aussi à l'aise face à un micro. Isabelle parle avec une telle générosité, peu importe si ce qu'elle nous dit est attendu.

Elle a conçu son salon pour qu'il soit à la fois familial et chic. Il y a selon elle trop de préjugés sur les salons en zone rurale, des lieux que nous imaginons habités de mamies coiffées de bigoudis. « Ça n'est pas parce qu'on est à la campagne qu'on ne doit pas prendre soin de soi. »

Nous rencontrons justement une cliente repentie des permanentes. Elle vient d'un petit village en Picardie et, une fois installée en ville, elle a abandonné les mises en plis : « Si on veut faire la dame de la ville, il faut changer un peu les choses. » Carré plongeant, châtain acajou, elle a un trait de crayon bleu sous les yeux. Ses proches lui disent que c'est « un peu trop », mais peu importe, c'est sa couleur préférée. Elle aime être toujours « bien mise » : si elle n'est pas coiffée et manucurée, c'est que quelque chose cloche. « Tout le monde a ses problèmes. Mais même si on a des petits tracas, qu'on n'a pas toujours envie de se lever le matin, il vaut mieux garder ça pour soi et faire voir à tout le monde qu'on est bien. » Un vernis pour sauver les apparences.

Du violet pour l'espoir

Dans la réserve, Éva l'apprentie s'entraîne avec des gestes encore maladroits à poser une permanente sur une tête à coiffer. La pièce est exiguë, des cartons de produits cosmétiques occupent les murs jusqu'au plafond et des serviettes et tabliers noirs tendus à travers la pièce nous caressent le visage.

Éva interrompt ses exercices pour déjeuner. Près de la petite table où elle s'installe, une charte de travail est affichée au mur. C'est Isabelle qui l'a écrite, elle lui ressemble.

Ne pas chuchoter au bac pendant le shampoing ni parler de choses personnelles.
Être souriante.

Être une minute avant l'heure prête pour accueillir sa première cliente.
Être habillée en noir, en blanc, en gris, en bleu ou en marron.
La tenue doit être propre et repassée.
Pas de jean, pas de baskets, pas de piercings et pas de tatouages apparents.
Être coiffée et maquillée tous les jours, plus retouche beauté dans la journée.
Respecter les horaires de travail.
Le portable est interdit durant le temps de travail.
Et surtout, amoureux de votre métier, vous serez.

Éva a commencé depuis peu son apprentissage. Originaire de l'Isère, près de Grenoble, elle a dû venir jusqu'en Bourgogne pour trouver un poste. « Chez moi, on n'acceptait pas mon âge. On m'a souvent dit que j'étais trop vieille. » Car, à vingt ans, Éva coûte plus cher aux employeurs qu'une fille qui sort du collège. Elle gagne aujourd'hui 63 % du smic.

Avant de pratiquer la coiffure, Éva était étudiante en bac pro électrotechnique. Seule femme dans sa classe, elle a abandonné ce cursus, découragée par un professeur sexiste qui la rabaissait constamment et l'assommait d'une charge de travail bien plus importante que celle demandée à ses camarades. De cet épisode, Éva garde des blessures. Certaines invisibles, d'autres qui s'entendent et se voient. « J'ai arrêté la compétition en natation et mon physique a énormément changé. » Son corps gainé et musclé de nageuse a disparu. Quand elle évoque ce qu'elle appelle ses

« blessures », elle bute sur les mots et son débit se fait encore plus lent. On la sent encombrée par le manque d'assurance. « Si vous me demandez de me décrire, je vous dirai seulement mes défauts. Mon corps, je ne l'assume plus. »

La jeune fille a une chevelure blond cendré sculpturale, une masse capillaire « qui fait un peu sa vie ». Le poids des cheveux, le poids des complexes. « Je suis consciente qu'il y aura toujours mieux que moi. J'ai peur de ne pas plaire aux gens, que mon physique les freine dans l'envie de me connaître intérieurement. » Nous voilà projetées quinze ans en arrière, quand nous portions des pulls de deux tailles trop grands afin de cacher toutes les formes de notre corps. Quand les mots et les regards de certain.e.s nous avaient persuadées que nous étions des monstres. Quand nos voix étaient aussi douces et hésitantes que celle d'Éva. Et que nous cherchions notre chemin dans tout ça. Aujourd'hui, Éva travaille avec des femmes qui semblent l'avoir bien accueillie et se réjouit d'apporter « du bien-être aux gens ». Elle s'est même teint des mèches en violet en présage d'une année de changements.

Le métier qui rentre

Toutes ces femmes – qu'elles se livrent avec générosité ou répondent de manière laconique – font preuve d'humilité ou de mesure : « Mais ça, c'est mon avis, hein… », « Je comprends que ça ne soit pas la même chose pour tout le monde »… À la réécoute des interviews, cette extrême prudence est assez déroutante. Une peur de blesser, un sentiment d'illégitimité… C'est même touchant et enveloppant de douceur si l'on ne pense pas à ce que ça signifie de leur rapport à la parole.

Béatrice partage cette mesure. Discrète, elle parle à voix basse comme si ce qui sortait de sa bouche devait rester dans la confidence. La coiffeuse rejoint Éva dans la réserve et lui donne des conseils pour atténuer les douleurs provoquées par la station debout prolongée et les gestes répétitifs : « Au début, on a mal, hein ! C'est le métier qui rentre. »

Après vingt-sept ans à prendre soin des cheveux des autres, le corps de Béatrice est fatigué. Un paradoxe quand on donne de la douceur aux gens. « C'est très physique, le corps change beaucoup. » Il y a sept ans, alors qu'elle souffrait de douleurs violentes et ne pouvait plus lever un bras, un chirurgien lui a annoncé qu'elle avait une pathologie du tendon de la coiffe. Ça ne s'invente pas. Après une opération de l'épaule et un arrêt de travail d'un an, elle a retrouvé l'usage de son bras mais les douleurs sont toujours là. Pourtant, elle ne se voit pas exercer un autre métier. « La coiffure, c'est le seul métier que j'ai su faire jusqu'à maintenant et je pense que je le pratique très bien. J'espère que je pourrai continuer encore longtemps… » Abîmer son corps pour un smic, abîmer son corps pour le sourire des autres.

Jusqu'aux reins

18 h 30, la journée est presque terminée, les employées quittent le salon. Béatrice part une semaine en vacances, une pause « bien méritée », ajoute Isabelle. C'est à notre

tour de manger des glaces. Dans les allées du supermarché, au rayon « surgelés », nous repérons un petit corps qui pousse un chariot. Une natte majestueuse, deuxième colonne vertébrale, glisse jusqu'au bas des reins de cette silhouette. Sous cette tresse, il y a Fabienne, soixante-deux ans, à la retraite depuis quelques mois. Elle veut bien nous parler avant que ses courses ne prennent chaud dans le coffre de sa voiture.

Assise à l'ombre des platanes, sur un carré d'herbe qui a échappé au béton du parking, Fabienne dénoue sa natte poivre et sel pour nous montrer l'ampleur de sa chevelure. Elle caresse ce rideau raide et fin avec autant de délicatesse qu'une harpiste. Fabienne aime toucher ses cheveux, mais ne peut malheureusement plus les coiffer. Trois prothèses aux cervicales et aux bras l'empêchent dans ses mouvements. Fabienne est de ces femmes qui sont toujours passées derrière les autres pour que tout brille. Des femmes aux corps usés à trop prendre soin. Après avoir été lingère, elle a passé une grande partie de sa vie à « faire le ménage dans les hôpitaux », ce qu'on appelle aujourd'hui « agent de service hospitalier ». Elle en a hérité trois hernies discales qui lui ont imposé des opérations. « C'est peut-être pas bien de le dire, mais honnêtement je n'aimais pas mon métier. C'était pas ce que je rêvais de la vie. Je n'avais pas une ambition extraordinaire mais je rêvais d'être nourrice, d'avoir des enfants. J'ai gardé un temps quelques enfants et ça a été le plus beau moment de ma vie. » Dans sa voix, beaucoup de joie, puis de la tristesse. Fabienne n'a pas eu d'enfant. Elle et son mari ont « vécu des choses douloureuses ». Elle ne veut pas en dire plus.

Avec ses bras défaillants, Fabienne ne peut plus se coiffer comme avant, alors elle confie à son mari le soin de tresser sa natte. Elle aime qu'il prenne soin d'elle, « tant qu'un coiffeur ne touche pas mes cheveux, ça va ! ». La retraitée a « pris en grippe » les coiffeurs depuis l'enfance. Petite, sa mère l'obligeait à se couper les cheveux très court alors qu'elle rêvait d'avoir de grandes couettes. « Je n'étais pas consentante mais maman l'avait décidé ainsi. Sévère, qu'elle était. » De ces visites mensuelles chez le coiffeur pour entretenir son allure de garçon, Fabienne garde de la rancœur : « Ça a mis un peu de distorsion entre moi et ma mère. » C'est finalement à l'âge de treize ans qu'elle a pu se laisser pousser les cheveux quand son père a pris sa défense. « Mais à un moment ça serait venu de moi... avec le temps, un jour j'aurais dit "zut !". » Elle se touche la nuque, ses longs cheveux sont toujours là.

CHAPITRE 12

Ni Lola ni lolita

Plage de Cavalière, Le Lavandou (Var)

Nul besoin d'efforts pour imaginer la plage de Cavalière au mois d'août. Nous sommes au Lavandou, sur la Côte d'Azur, et tous les éléments de la carte postale sont réunis. À droite, devant les restaurants de plage, des transats qui accueillent celles et ceux dont le budget n'a pas été complètement englouti par le billet de TGV et la location à la semaine. À gauche, un embouteillage de serviettes de plage, de kits « seau – râteau – pelle », de crocodiles gonflables. Un vendeur de chichis se fraye un chemin au bord de l'eau : « Chauds les chichis, chauds ! » Mantra attendu et répétitif, rassurant. À la bande son, rien de très original non plus. En stéréo, le murmure des vagues bien sûr. Au pied des pins, l'appel nuptial des cigales mâles. Une enceinte qui crache le tube de l'été. Les talons qui tapent régulièrement contre les tongs comme la balle rebondit sur la raquette. Au loin, l'odeur des figues confites sur le béton brûlant se mêle à celle du plastique des bouées.

Maintenant, les personnages de carte postale.

Claudine, quatre-vingts ans bien sonnés, confortablement installée. On mise sur un trajet en voiture avec remorque : deux chaises dépliées sur une natte de plage, surplombées d'un parasol grand format, séparées par une glacière généreusement remplie. Il y a dans cet agencement quelque chose de l'ordre de l'expertise. Expertise aussi dans la manière d'occuper son temps. Surtout ne pas en perdre une miette. Quand elle n'a pas les yeux rivés sur ses mots croisés, elle regarde les gens. Elle attrape la main de son mari et se tourne vers lui, avec un air malicieux. « On se moque intérieurement de ceux qui sont mal. C'est un petit peu tout ce qu'on fait. Bah oui, faut bien s'occuper ! » Ce qu'elle pense d'elle-même ? « Vaut mieux faire envie que pitié. » Mais de toute façon, précise-t-elle, à son âge, elle ne se regarde plus dans le miroir.

Plus loin, un groupe d'adolescentes. Elles bronzent crânement, mangent de la pastèque et écoutent de la musique. Le soir, c'est direction *Le Cube*, le bar de plage « où tout le monde se regarde ». Nouvelle expérience qui n'a pas attendu les années : celle de sentir sur elles le regard des hommes, jeunes et moins jeunes, « On est tous en train de mater sur la plage », avouent-elles dans une phrase formulée à plusieurs voix. Mais elles savent être discrètes. Se sentent-elles bien dans leur corps ? Parfois, elles ne s'aiment pas, mais elles ont remarqué que quand elles sont avec leurs amies, elles se posent moins de questions. Une abonde : « Quand tu es entourée, tu as plus confiance en toi. »

Sur son perchoir, Maddy, sauveteuse en mer, prend de la hauteur. Elle est sûre d'elle : « Ça ne sert à rien de se préparer pour l'été, personne ne t'attend en été. » Elle n'a pas de complexe mais n'a jamais osé le topless. Elle est impressionnée par les femmes aux seins nus sur les transats.

Mouna, elle, a opté pour un pantalon de bain et un débardeur. L'année dernière, elle était en maillot. Non pas qu'elle se baigne souvent, elle surveille principalement les enfants, six, cinq et trois ans. Elle s'est dit qu'avant trente ans, elle « finissait ses enfants ». Elle voulait avoir un beau corps pour l'été, « un corps où il n'y a pas trop de débordements, pas trop de vagues, mais il y a eu du cafouillage ». Nous aimerions la contredire, mais, pour elle, son corps renvoie « ce qu'elle est à l'intérieur ». « Ma faiblesse de ne pas tenir mes régimes. »

Et puis il y a Sylvie, la cinquantaine. Elle est avec sa fille Anaïs et déplore l'impact des réseaux sociaux sur le corps des plus jeunes. Clairement, « c'était mieux avant ». « Les femmes de ma génération, on parle de nos corps, sans vouloir atteindre la perfection. On fait des efforts, mais pas pour ressembler à Brigitte Bardot, quoi. » Elle précise tout de même, au risque de se contredire, que sa meilleure amie a fait un lifting.

Et nous, comment nous positionner ? Devons-nous nous dévêtir pour que les gens se mettent à nu ? Ou au contraire ne rien montrer ? Laisser le temps aux gens de se rhabiller ? C'est tranché, ça sera robe et claquettes, casquette et bloc-notes. Vaine discrétion : les gouttes de sueur, qui se transforment rapidement en torrents, coulent le long de nos tempes, entre les seins, sous la poitrine. Et voilà que les parties du corps que nous voulions dissimuler se trouvent soulignées.

Au centre des discussions : le corps et encore le corps. Le regard des autres, celui qu'on espère et celui qu'on évite. Le paradoxe de l'été, temps de la liberté et de la contrainte. Il faudrait plus de ci ici, de ça là... Le corps est coupable. Il n'est jamais question du corps victime, qui reçoit des coups. Elles sont pourtant nombreuses, sur cette plage, à en subir. Il y en a, des bleus, sous ce ciel bleu. Nous apprendrons plus tard que la chauffeuse de taxi qui nous a transbahutées pendant les trois jours de tournage, et avec qui nous avons largement eu le loisir d'échanger – ça bouchonne sur la côte –, endure depuis des années les violences de son mari. On ne parle pas comme on claque des doigts. On ne porte pas plainte comme on fait les courses. Cette affaire-là n'est pas simple : il faut beaucoup entendre pour entendre.

Nous pourrions être en 2005, ou dans les années 1990. L'été n'aurait-il qu'un seul âge, celui du passage de l'enfance à l'adolescence ? Un cliché réconfortant à ressortir chaque veille de départ sur la route des vacances, comme une boussole. On se replonge dans l'été de nos quinze ans. Diam's chantait « Je sais que j'suis pas une bombe latine, ni une blonde platine* » et nous aussi. Mais surtout, elle semblait avoir écrit l'introduction de son album *Dans ma bulle*** pour chacune d'entre nous. Les soucis d'une « petite meuf » – une parmi des milliards d'humains – pouvaient être entendus. Alors comme Diam's, on zoome sur la carte postale. Pour n'oublier personne.

---

* *DJ*, Diam's, 2003, dans l'album *Brut de femme*.
** Diam's, 2007.

Parmi la foule, une fille. On a failli ne pas la voir. Elle n'est ni petite ni jeune, ou alors un peu des deux. Elle fait encore partie de la classe d'âge qui porte des tennis à trois scratchs ou qui négocie « une paire de baskets trop chères pour ce qu'elles sont », selon les adultes qui ne comprennent pas que rien n'est trop beau pour faire partie de la bande. Elle porte un maillot de bain deux-pièces, noir, asymétrique, motif bandana. En tout cas, elle n'est pas assez grande pour ne rien faire et pas assez petite pour ne pas cacher sa poitrine. Lola est une ni-ni. Un entre-deux inconfortable dans ce monde binaire.

Ses cheveux noirs et bouclés sont très courts. C'est rare, les filles de son âge avec les cheveux si courts. Là, elle est tout à son affaire : les fesses sur les talons, elle semble plonger comme un canard dans les douves qu'elle creuse autour de son château fort. « Quatre tours et des murs. » Treize ans, 1,50 m peut-être 55. Elle ne regarde personne et personne ne la regarde. Elle vit pour elle. Autour, les femmes sont plutôt immobiles. Elles se reposent, papotent, font un sudoku. Les plus audacieuses, celles qui n'ont pas peur de plier leur ventre, de risquer de laisser entrevoir un pré carré velu ou de laisser échapper un téton, acceptent une partie de frisbee.

L'été de Lola, c'est de sentir le sable sur ses mains, mouvoir son corps anguleux, loin des chaises de classe à angles droits. On se demande bien de quoi elle veut se protéger derrière ses remparts.

Lola a quelque chose à nous raconter, « un secret ». Mais pour se confier, il faut qu'elle demande l'autorisation de ses parents. Ils ne pourront pas dire qu'ils ne savaient pas.

Elle court vers eux comme les enfants courent. Le couple se prélasse dans la mer : « Quand on pense que certains sont en train de changer de rame à Châtelet-Les-Halles ! » C'est d'accord, mais elle ne doit pas s'éloigner. Le banc à l'ombre fera l'affaire. Sept minutes d'entretien à perdre haleine. Ses cheveux collent à son front, et ses joues sont rouges. Tout à coup, elle est vraiment petite.

« Papa et maman veulent plutôt que je porte des vêtements de fille moi j'aime pas je me sens mieux quand on me prend pour un garçon je sais que je veux être un garçon depuis que je suis au CP quand on me prend pour une fille j'aime pas j'aime pas les maillots de bain courts mon maillot de bain est avec un short déjà je trouvais que le short était trop court d'habitude je prends celui de mon papa mais maman elle aime plus j'aime pas parce que les gens me regardent en tant que fille parce que j'ai un maillot de bain de fille j'aimerais qu'on me voie comme un garçon je mets souvent un bonnet pour cacher mes cheveux j'ai écrit une lettre à mes parents et je voulais la poser sur leur lit avant de partir en colonie mais je n'ai pas réussi j'en ai parlé à une seule de mes amies elle a dit qu'elle m'aimerait toujours pour ce que je suis que je sois une fille ou un garçon peu importe ce qui se passerait j'avais peur de sa réaction j'avais peur qu'elle ne veuille plus être mon amie parce que je voulais être un garçon j'arrive pas à le dire à mes parents j'ai essayé d'écrire une lettre mais j'ai pas réussi mes sœurs elles essayent de me changer mais ma cousine elle me compte pour un garçon moi j'aime bien mais mes parents non du coup moi ça me fait rigoler. »

Elle se bidonne. Ça n'a pas l'air si grave finalement. Elle n'a pas de mal à raconter à qui veut bien l'écouter. Le soleil est au zénith, la chaleur ralentit l'activité et tout le monde étouffe, elle veut respirer. Son corps lui échappe. Elle ne veut plus être Lola, ni lolita. Ce sera Timothée.

CHAPITRE 13

La surface de réparation

Stade de Liffré (Ille-et-Vilaine)

On débarque à Liffré comme dans un souvenir d'enfance qui n'est pas à nous. Des garçons sont réunis au stade pour leur entraînement de foot du mercredi. Ils sont plusieurs dizaines, peut-être une centaine aujourd'hui à défiler sur le gazon. Ils courent, s'attrapent, se chamaillent, le rose aux joues et la morve au nez. Ils sont tout crottés et ils s'en moquent. Le monde autour n'existe pas. Ils ont l'air si libres. À rendre jaloux. Leurs cris de joie résonnent dans le ciel d'automne. « Galope ! Galope ! »

Appuyées à la rambarde, des mères attendent, parfois accompagnées de leurs plus jeunes enfants. Des copains de classe, venus en groupe, commentent. Un père fait des tours de poussette comme certains font des tours de terrain. Plus loin, sur le parking, d'autres jeunes, tête nue, poussent le moteur de leur scooter auquel a été retiré le pot d'échappement et semblent défier la mort. « Quand c'est débridé, on peut aller plus vite. »

Nous posons nos valises pour trois jours dans cette petite commune proche de Rennes. On trouve une église au milieu du village, prolongé par des maisons Monopoly et le rond-point du Super U. Ainsi que le stade Nelson-Paillou, qui deviendra notre quartier général. Certains disent que ça pourrait être partout ailleurs. Ça ne ferait pas très plaisir aux habitants, et ils auraient raison. Ici, c'est pas Paris, pour reprendre le slogan du PSG, mais c'est chez eux. D'ailleurs, ils se préparent à défendre leurs couleurs. Ce week-end, l'équipe des Sangliers affronte l'En Avant Guingamp. Amateurs contre professionnels.

Au départ, on venait là récolter la parole de ceux qui ont la gagne, ballon rond ou pas. Les histoires ordinaires des petits gars, des papis, des affûtés, des nuls, de ceux qui aiment le sport. Mais cette journée « his-to-rique » a tout envahi : les bouches, les commerces, et même nous. 1-0 pour le foot. Nous voulons comprendre. Pourquoi c'est si bon, dans leur tête et dans leur corps. Nous discutons, au gré des rencontres, avec des joueurs, des pères, des entraîneurs, des pères entraîneurs, des bénévoles, des supporters, des admirateurs. Certains se connaissent, d'autres pas. Nous nous installons là où le silence se trouve. Ils se racontent. Et finalement, la préparation du match inédit du week-end apparaît comme un révélateur. C'est le quotidien, en plus intense. Ça crie ce qui se passe à bas bruit.

Le petit homme

Qu'est-ce qu'ils ont tous avec le foot? À quoi se cramponnent-ils? On est fou de quoi, quand on est fou de foot?

Tom, six ans, semble avoir tout compris. Nous le rencontrons à la fin du cours de multisports, qui a lieu à l'école, collée au stade. Il décrit la tenue demandée : « Un pantalon de marque de sport, des chaussures, faut enlever son gilet, peu importe si on n'a pas de maillot, c'est pas très grave. » Des tapis, des trampolines et des cerceaux ont été installés. « Aujourd'hui, on a fait de la gym et de la motricité, il fallait sauter et faire une galipette sur le matelas rouge. » Le grand toboggan, interdit d'ordinaire, devient la récompense du mercredi après-midi. « C'est bien, tu peux aller glisser. » Tom n'est pas vraiment à ce qu'il fait. Il chantonne, « à dada sur mon bidet, quand il trotte c'est Beyoncé », ses grands yeux tournés vers le ciel, les bras en mouvement comme un automate. Nous l'observons et il ne nous voit pas. Il est ailleurs. De toute façon, « le multisports, c'est bien », mais l'année prochaine, il veut faire « du foot ».

L'école s'appelle Robert-Desnos. L'évocation de ce nom réveille aussitôt l'enfance et ses poèmes, Jacques Prévert… Le cahier de poésie avait une couverture jaune, il y était question d'une cour d'école, de girafes et de chants d'enfants… « *Les mots sans queue ni tête/Qui dansent dans leur tête/Sans jamais s'arrêter** »…

---

* *Chanson pour chanter à tue-tête et à cloche-pied*, Jacques Prévert.

Quels étaient ces sentiments de petites filles sans queue ni tête qui dansaient dans nos têtes sans jamais s'arrêter ? Qu'est-ce qu'on éprouvait, déjà, quand arrivait l'heure de la récré, quand les garçons se chamaillaient pour la balle en mousse, toute noire d'avoir charbonné ? On négociait un petit coin pour installer un terrain de billes ou accrocher un élastique. Régulièrement, la balle nous arrivait en pleine figure, on se plaignait et le jeu était suspendu. Les gars nous en voulaient à mort, à nous les « fillettes ». Et parfois, on regardait avec envie la partie… À l'âge de traîner dans les préaux, on se disait que le foot était le club des autres, celui dans lequel nous n'étions pas nées. Celui des garçons.

En écoutant Tom, on comprend mieux.

« Pourquoi tu veux faire du foot l'année prochaine ?

— Parce qu'il y a plein de gens de ma classe qui font du foot, du coup j'aimerais bien les rejoindre. Y a juste des garçons. »

Il enchaîne aussitôt sur les filles.

« Y a des filles de ma classe qui ne m'aiment pas trop, elles me froncent les sourcils devant la tête ou elles me disent des choses méchantes, elles ne me proposent jamais de jouer avec elles.

— Pourquoi il n'y a pas de filles dans les équipes de foot ?

— Dans l'école de foot, il y a aussi des filles, mais y a plus de garçons. C'est pour qu'il n'y ait pas de garçons et de filles qui se chamaillent. »

Il nous laisse. « Ma chienne tousse, je vais aller chercher des médicaments et après je sais pas, je vais jouer. Elle a un problème au poumon. Des fois on lance des trucs et elle les rapporte. Elle a beaucoup de puissance. »

Au nom du père

Nous donnons rendez-vous à Sikou sur le bord du terrain. Il nous rejoint, d'un pas assuré, au rythme du balancier de ses épaules. Ses cheveux sont fraîchement coupés. « J'attendais votre message », nous dit-il. Nous sommes en retard. Difficile d'établir des horaires quand on fait parler les hommes. C'est un exercice d'écoute intense, entre les lignes, au-delà de leurs mots et de notre colère qui parfois nous rend sourdes. Très vite, nous comprenons que l'échange avec Sikou sera plus facile qu'il n'a été avec d'autres : il veut nous raconter des choses. Il est venu à pied de là où il loge, une chambre dans une résidence excentrée de personnes âgées. « Il y a plein de femmes sympas là-bas, elles m'ont appris à jouer à la belote. » Nous l'imaginons attablé avec des mamies permanentées. Mais découvrons un gars solitaire qui trouve, autour d'une partie de cartes, des collègues de fortune. Ils sont seuls ensemble. Les vieilles et les déracinés.

Sikou est arrivé au club il y a peu. Au club et en France. Il a dix-sept ans et a débarqué seul du Mali. Dans le jargon administratif, on dit que c'est un « mineur non accompagné ». Un MNA. La douceur de sa voix tranche avec son gabarit. Le foot, c'est toute sa vie. « Les journées de dimanche où on n'a pas match, franchement, je ne me sens pas bien. Je me pose des questions. C'est quelque chose qui m'apporte des sourires, de la joie. Si je ne faisais pas de foot, ça ne me donnerait pas vraiment envie de voir les gens. Le foot, c'est ma vraie passion, c'est ce que j'ai connu petit. »

Il a le foot en héritage et y jouer le rattache à ses origines. « Mon père, il s'intéressait beaucoup au foot. Il avait envie de faire plaisir à son gamin. À chaque fois qu'il m'achetait un ballon, je le perdais… et il en rachetait un. Ça m'a donné envie. Et il m'emmenait avec lui tout le temps quand il partait regarder les matchs. C'est là qu'est née ma passion, je dirais. C'est ce que mon père m'a transmis. » Sikou rêve de carrière professionnelle. Il en rêve tout en n'y croyant pas vraiment. « Même si certains pensent que le football, ça ne doit pas être ma priorité actuellement, j'essaye de bien faire tout ce que je fais dans ma vie. Sinon je ne le fais pas. Et le foot fait partie de ma vie. » Il attend beaucoup du club. « Des fois, j'ai l'impression que vraiment, c'est juste moi qui ai envie de jouer au foot, que mes coéquipiers ne s'investissent pas. Mais au fond, je sais que ce n'est pas vrai. Le problème, c'est qu'eux, ils ont tout ou presque. Et que moi je n'ai que le foot. »

Sikou a eu son diplôme en plomberie. Il voulait continuer avec un bac pro pour deux ans, il avait même trouvé un apprentissage. Mais sans passeport « et sans les papiers qu'il faut », ça n'est pas possible. À défaut de pouvoir prolonger sa formation, le club lui a proposé de faire un service civique. « Sauf que, même ça, je ne peux pas le faire. » Il vient donc le samedi entraîner à titre bénévole les plus jeunes. Et à cet endroit, il trouve de la reconnaissance. « C'est aussi pour m'ouvrir des portes. Être dans une équipe de foot, ça me montre beaucoup de voies. Et même si je ne deviens pas pro, juste en me voyant jouer, ça peut inspirer des jeunes. Ils vont voir ma situation, comment je suis arrivé en France. » Il marque une pause. « Et aussi comment il faut prendre la vie comme elle vient, avec le sourire et travailler dur. »

Quelques mois après le tournage, Sikou nous écrit : « Tu as quel âge ? Parce que tu connais presque tout de moi et moi je ne connais presque rien de toi. » Il pense ne rien savoir de nous, mais nos questions ont pourtant dévoilé beaucoup de nos interrogations intimes.

Une histoire de famille, à deux, deux et demi

Nous essayons de voler un moment au président du club, Christian, mais il court partout. Il prépare la rencontre de ce week-end et ne sait plus où donner de la tête. Il tient à ce que ce soit une belle fête. Pour les joueurs, pour les gosses, pour la ville. Avec sa chemise et ses chaussures cirées, il a l'air de quelqu'un d'important. Il nous reçoit entre deux sollicitations, avec son fils, Alexandre. Il sort tout juste d'une interview avec un youtubeur, venu couvrir le match En Avant Guingamp-Liffré. Le fiston intime à son paternel de « se poser deux minutes ». Christian enchaîne. « Le club de Liffré, c'est une affaire familiale. Ça m'offre la capacité d'embarquer autour du club, de fédérer autour de ma passion. » Une passion dévorante. « Mon épouse ressent par moments de la frustration, elle se sent délaissée. »

Alexandre approuve. « C'est vrai que papa est passionné de football. Quand j'ai commencé à marcher, il m'a appris à jouer au foot. Au départ, je n'ai pas continué. Puis le temps a fait les choses, je jouais dans la cour de l'école, j'ai pris plus de plaisir, puis il m'a pris une licence. Et ça ne m'a plus quitté. » Il a vingt-sept ans. C'est le petit dernier de la fratrie. Il a une tête de poupon qui dit papa. Des cheveux longs, remontés en queue-de-cheval sur le haut de la tête. Il s'occupe de la communication du club. Photoshop et réseaux sociaux. Et ses sœurs? Son père reprend la parole. « Ce club, c'est une aventure familiale, mais en réalité, on est plutôt deux, deux et demi parfois avec mon épouse. Mais c'est vrai qu'avec les sœurs... pendant les repas familiaux si ça parle trop foot... » Il ne finit pas sa phrase, on comprend que ça n'intéresse pas ses filles. Ou plutôt : « Là, vous avez touché un point. Le sport me donne plus de proximité dans la relation avec mon fils et certaines de mes filles peuvent en être frustrées, pour ne pas dire davantage. »

L'amour rend aveugle

Alexandre nous recommande chaudement de contacter Dominique, un incontournable, « un historique du club. » Dominique est président honoraire du club, un titre qu'on lui a remis après vingt-cinq années de service.

Au départ de son engagement, « il y a le besoin de rendre service ». Où il est né, près de Laval, dans les années 1940, il n'y avait rien pour les jeunes au niveau sportif. « Le jeudi, le jour sans école, les enfants étaient livrés à eux-mêmes. »

Il revient sur les décennies passées. « J'ai eu trois vies. Une vie familiale qui était un peu difficile parce que j'ai eu deux autres vies. Une vie professionnelle qui me prenait beaucoup – j'étais cadre dirigeant. Et puis, en plus, j'ai eu la vie associative. » Si c'était à refaire, il en ferait un peu moins. « Je pense notamment aux enfants, parce que je ne les ai pas vus grandir. Je me suis réveillé un jour en me disant : "Tiens, mais c'est vrai, ma fille aînée joue en régional." Je l'ai vue jouer plusieurs fois. Mais je voyais jouer l'équipe sans même remarquer qu'elle, elle était là aussi. Si elle entend ça, elle va me haïr. Bref, j'avais même pas remarqué, pourtant elle jouait très bien. Je l'ai vue sous le filtre du collectif. »

En fermant le vestiaire des arbitres, et celui des hommes, il nous interpelle : « Le seul vestiaire qui existe, c'est celui-ci. Il n'y en a pas pour les femmes. Vous imaginez ? »

L'autre match

Djibril est un joueur star de l'équipe. Il a dépassé l'âge des éphèbes – le mitan de la trentaine a bien sonné –, mais il en a conservé les traits : visage fin, corps musclé, allure assurée. Son travail de cordiste, de « Spider-Man des bâtiments », nécessite une bonne condition physique. Nous le rencontrons entre chien et loup devant les vestiaires. D'habitude, à cette heure-ci, c'est lui qui chausse ses crampons. Ce soir, il accompagne sa fille Inès, neuf ans. La participation de la petite à l'entretien n'était pas prévue. Elle ne semble pas intimidée. « À l'école, je fais du foot. Au lieu d'essayer, j'ai pensé que ça serait mieux d'apprendre. Et je me suis dit que si j'y allais avec papa, j'aurais plus de temps avec lui. » Son père était réticent. « Ça va paraître macho mais je préfère dire la vérité : pour moi, c'était pas pour les filles. Maintenant, je commence à accepter l'idée, depuis que je regarde les matchs de l'équipe de France. » Elle est piquée. « Désolée, mais le foot, c'est égalité, fraternité, voilà tout ça. Faut être égaux, hein. Les filles, elles ont le droit de faire du foot. Y a pas que les garçons. C'est juste parce que tu veux être le meilleur. »

Djibril ne comprend pas qu'on puisse ne pas être un mordu du ballon. Il nous raconte les origines de sa passion. « Je fais du foot depuis peut-être mes quatre, cinq ans, sinon je suis perdu. Sans le foot je suis perdu. Honnêtement. » Il s'explique : « Pour moi, c'est un moyen d'évacuer toute la pression négative que je peux avoir au boulot, la pression que je peux avoir en famille, avec madame et les enfants. Le foot, c'est une échappatoire pour moi. » Entre les entraînements qu'il suit, ceux qu'il dirige, les matchs du week-end, il n'est pas souvent à la maison. « Cette année, je n'ai qu'un seul jour de repos. Sauf que là, maintenant, si la petite commence à faire du foot, ce jour, je l'aurai plus. » La gamine lance un regard désapprobateur. Comment allie-t-il sport et vie personnelle ? Djibril lâche « la question piège », mais nous rassure : « J'y arrive. » Inès tourne de nouveau la tête vers son père et se montre du doigt. Ses yeux écarquillés réclament des comptes.

Il lui demande : « Quoi, tu as quelque chose à dire ? » Puis se tourne vers nous : « Elle est terrible. Elle donne du fil à retordre à sa mère. » Le rire ponctue les phrases de Djibril et nous embarque, sans savoir si c'est drôle. Elle ne se débine pas. « Toi aussi tu pourris la vie à maman. » Il se dirige vers nous, comme s'il devait se justifier. « Bah oui, je sais, ouais. Mais voilà, on est une famille… en fait, c'est… ma femme, c'est elle qui… » Inès, toujours tournée vers son père, finit sa phrase : « … c'est elle qui gère tout. » Semblant nous répondre à nous, il dit, comme un aveu : « En gros, c'est notre maman. » La tête de la petite se secoue, ce qui fait dire non à tous ses cheveux nattés.

Très rapidement, Inès se transforme en arbitre du match joué entre son père et sa mère. Un autre jeu s'opère, où le gagnant, lui, semble un peu toujours le même. De la même façon que son père dialogue avec nous, elle nous prend à témoin : « Lui, il ne fait rien. Quand elle lui demande de faire le linge ou à manger, lui, il trouve toujours une excuse. » Elle poursuit à mille à l'heure : « Il devrait faire la machine, tout ça, pour la remercier… »

Son père finit par s'adresser à elle : « C'est comme ça, c'est la vie. Et malgré tout ça, elle me supporte depuis neuf ans. » Petite pause… « J'ai vu depuis tout petit ma mère faire les choses pour mon père, pourtant ils s'aiment, ils sont toujours ensemble jusqu'à maintenant. » Sa fille ne lâche pas : « Mais oui, mais c'est pas une raison, c'est pas parce que tes parents font ça que t'es obligé de faire pareil avec ta propre femme. »

Finalement, c'est elle qui mène l'interview. Il rigole, elle est en colère. En réalité, il est surtout gêné.

« Je pense que ça peut le faire quand j'arrêterai le foot, voilà.

— Je crois que jusqu'à tes soixante ans tu vas pas arrêter. Tu vas arrêter dès maintenant si c'est ça, hein ?

— Nan, nan, nan le foot je sais que...

— ... c'est ta vie ?

— Oui !

— Bah non, c'est nous ta vie !

— Bah oui, mais...

— ... c'est pas le foot ! »

Il perd le match.

« Faut peut-être que je change de mentalité vis-à-vis de ça, faire plus de tâches ménagères, peut-être qu'avec l'âge ce serait...

— ... bienvenu ! »

Sa fille termine sa phrase et le met KO. Il cherche comment abréger cette souffrance. « C'est l'heure », il lui dit. Elle regarde sa montre. Il est 18 h 28. Elle prend le chemin du terrain, mais, juste avant, elle se retourne. Un grand sourire crénelé des enfants de son âge se dévoile.

« Hier on m'a posé la question : est-ce que c'est vrai que ton papa est un seigneur ?

— Un senior, pas un seigneur !
— C'est qui les seigneurs, c'est un nom bizarre, hein ?
— Les seniors, les vieux ! Ahahaha ! C'est nous !
— C'est un peu pareil, hein.
— Nan, nan, nan, c'est pas pareil. Senior, ça veut dire que tu n'es plus jeune. Ça veut dire que je joue dans une équipe de vieux.
— Comme un dieu ???
— Vieux, pas dieu !!! »

Son père, sa star malgré tout.

Douche froide

La discussion se poursuit avec Djibril. Il paraît ne pas s'être formalisé de l'échange avec sa fille. Il rit encore à gorge déployée. « Elle a profité que vous soyez là. » Notre présence semble avoir donné de la force à Inès. Ce rire cache un peu d'inconfort. Néanmoins, lorsque l'on échangera des semaines après avec lui, il n'en démordra pas : « C'était marrant. » Si l'on devait choisir un mot pour qualifier Djibril, ça serait la bonhomie. Il ne se prend pas la tête, ne fait pas de manières. Il va droit au but et les choses glissent. Elles glissent tellement que l'on finirait par croire qu'il a raison, que ça n'est pas si important.

Nous avons encore des questions à lui poser. Qu'est-ce qu'il se passe quand les femmes ne sont pas là, quand les hommes se retrouvent entre eux, dans les vestiaires et dans les douches ? À vrai dire, on n'a même pas demandé à entrer, par pudeur probablement et surtout par manque d'envie. Documenter le réel a ses limites. On s'imagine le jean retroussé, déchaussées, le micro à la main devant une horde d'hommes nus comme des vers. À défaut d'aller à la source de l'information, on prend le pouls. Des « moins de treize ans » croisés autour du terrain nous ont assuré : « Non, il n'y a pas de gêne, on est tous ensemble, et on met de la musique. » Un autre renchérit. « On est mature, on ne va pas se moquer à tout-va. »

Djibril, lui, toujours avec cet air nonchalant, nous raconte « une anecdote ». « J'ai le souvenir de mon ancien coach. Il prenait sa douche avec nous, normal. Il a fait une blague sur, … bah sur mon corps et, depuis, honnêtement c'est fini. Je prends plus de douche… à poil. Je prends toujours des douches en caleçon. Toujours, toujours, toujours. Parce que cet épisode, ça m'a traumatisé. » Nous ne sommes pas certaines de comprendre la nature de la remarque de l'entraîneur, nous n'en saurons pas plus. Djibril prend ça comme une avance du coach. « Il prenait trop soin de lui, épilation à gauche à droite. » Le problème, pour lui, ça n'est pas tant que l'on commente son corps, c'est que la remarque puisse venir d'un homosexuel. « À l'époque, je parle bien d'à l'époque, tout ce qui est…, je vais rentrer dans le vif du sujet… tout ce qui est à propos des homos… des homosexuels, je me disais hop là, attention. » Il a depuis changé d'avis, notamment grâce aux prises de position de joueurs renommés. « Maintenant, je m'en fous. »

Bien plus que meilleurs amis

Sur la route qui mène au terrain, loin de l'effusion, deux enfants passent le temps sur les restes d'un chantier. On entend leurs éclats de rire de loin, qui s'envolent comme des piaillements d'oisillons. De là où ils sont, ils peuvent voir les garçons du club qui courent derrière la balle. Ils aiment le foot mais n'ont jamais été licenciés d'un club. Ils semblent tromper l'ennui. Ils s'amusent à enjamber les barrières en plastique rouge et blanc. Certaines se renversent. Ils cherchent leur équilibre. Ils se tendent la main l'un l'autre pour se relever après leurs sauts.

Les gamins jouent les prolongations. C'est la fin de la journée mais le soleil n'est pas encore couché. Il reste encore un peu de temps avant l'heure du dîner. L'un est en CM2, c'est le plus petit en âge mais le plus grand en taille. Des taches de rousseur constellent son visage. Il porte un tee-shirt de foot de l'équipe de France. L'autre est en quatrième. Il porte les cheveux mi-longs comme les garçons de son âge – un peu pour se cacher, un peu pour être stylés.

« Ça fait six ans qu'on est copains.
— Six ans et demi, hein !
— Comme si on était frères, quoi !
— C'est mon ancien beau-frère.
— Bah, j'étais amoureux de sa grande sœur, ça m'a pas plu, donc je l'ai quittée. Les vacances, on se voit tout le temps, le mercredi quand on n'a pas cours, le samedi, le dimanche. Hier on a fait du foot et comme on en avait marre…

— On a regardé la télé, on a fait des trucs comme ça, on a fait du skate aussi.

— Pour moi t'es un pote, t'es un pote qui va tout le temps chez moi.

— On est plus que des amis, hein ? On est beaucoup plus que des amis.

— Mais on n'est pas amoureux non plus. Enfin j'espère pas. Parce que là, non !

— Moi, ça surtout ça me dérange pas, je vois des filles ou des garçons qui sont en couple. Je vais pas gâcher leur couple, ils font ce qu'ils veulent. Y en a qui les harcèlent. De toute façon, moi, une fois qu'ils étaient harcelés je les ai aidés. Ça se fait pas de harceler des couples entre mecs et entre filles. Ils ont le droit, c'est leur vie.

— Moi quand j'étais petit on me harcelait. Parce que j'étais moche. Parce que j'avais une tête de bébé. Ça, ça m'énerve. Je vais pas me laisser faire parce que c'est chiant. Ça fait trois ans que je vis ça. C'est beaucoup trop énervant. Mais je vais… pfff… je les laisse dire. Je vais pas chercher les engueulements. Je vais pas les frapper. Une fois j'ai foutu une droite à quelqu'un et après j'ai arrêté. Le gars, il a commencé à péter un plomb, à m'insulter, il m'a traité de "ta gueule". Et moi je lui ai dit d'arrêter et il a continué. À la fin de la journée, je lui ai foutu une grosse patate. Il est tombé et il était assommé. Il a fini à l'ambulance.

— En même temps, c'est un peu toi.

— Après j'ai arrêté direct, c'est un peu violent qu'est-ce que j'ai fait. »

Nous nous éloignons, ils reprennent leurs sauts et leurs rires résonnent encore. Quand nous nous retournons, ils sautent en se tenant la main.

Hors-jeu

Basile a vingt-quatre ans. Cheveux châtains bien taillés et ongles rongés. Large sourire, le contact facile. Il ne lâche pas son téléphone : il est youtubeur. Avant d'être derrière son écran, il était sur le terrain. Jusqu'à il y a trois ans, il jouait en tant que goal. « C'est un poste particulier, assez solitaire. Mais c'est un rôle incontournable », assure-t-il. « Sans nous, il peut se passer des choses folles. On est le dernier rempart. D'une minute à l'autre, on va avoir les yeux rivés sur nous. C'est là-dessus que j'ai grandi. En tant que personne et en tant qu'homme. » La nostalgie l'envahit. « Le sport, ça m'a permis d'être quelqu'un dans un groupe. »

Basile, comme tant d'autres que l'on a rencontrés, voulait « devenir pro ». « À mes quinze ans, j'ai appris que j'étais trop petit pour être gardien de but professionnel. C'est la taille qui en a décidé. J'ai envoyé des lettres à tous les clubs professionnels pour essayer d'avoir des essais. Et on m'a vite fait comprendre, sans qu'on me le dise clairement, que c'était mort. Fallait faire minimum 1,85 m pour avoir sa chance. Moi, je faisais 1,77 m. » Il se souvient. « Dans l'équipe de foot, on n'appelait pas les petits par leur prénom. C'était "le petit". Et ça, ça joue dans la construction de quelqu'un. Aujourd'hui, ils font la même taille que moi, mais avant il y avait les petits et les grands du jeu. Dans les équipes, la première chose qu'on regardait, c'est combien ils ont de grands, quelle taille ils font. C'était la première comparaison. »

Depuis qu'il a arrêté le foot, il ressent malgré tout un manque, entre désir et désillusion, celui de cette reconnaissance du groupe qui lui permettait « de se sentir soi ».

C'est enfin le jour J. Le village, qui s'est réveillé ce matin dans le brouillard, est prêt. Les supporters au maillot jaune et noir – les Marcassins – sont réunis sur la place de l'église. Ils chantent au son des tambours. « Notre capitaine, il n'a pas de bedaine ! Avec lui, ça passera pas ! » Alexandre a enfilé le costume de la mascotte Sanglius. Les fumigènes et la fanfare donnent le ton. Un petit garçon a déjà perdu sa voix. Basile filme l'ambiance. Christian nous salue de loin. On accompagne les joueurs au stade : Djibril est en place. Les bénévoles sont à leur poste. Les femmes nous accueillent à la billetterie. Plus loin, les hommes font griller les saucisses. C'est une grande fête. La tribune est pleine. Inès est là, avec son petit frère et sa mère. Et nous aussi on est présentes. On fait les pronostics, on espère que Liffré gagnera. Les chants nous prennent aux tripes. Nous voilà mordues.

CHAPITRE 14

Chants de bataille

Place du village à Feliceto (Haute-Corse)

Le soleil cogne.
Alors que les rues semblent vidées par la chaleur, un vieux monsieur s'active au milieu de la place du village, derrière un barbecue installé à l'ombre d'un châtaignier. Il nous regarde à peine, concentré sur ses braises, et grommelle ce qui doit être un bonjour.
Jean-Baptiste est né ici en 1938, dans une des habitations mitoyennes de la place du village de Feliceto, « derrière ces volets marron ». Aujourd'hui, comme tous les jours d'été, il s'occupe de faire cuire des « petits légumes » et de la viande pour la terrasse de *Chez Margot*, l'épicerie tenue par son épouse, le cœur vivant du village. Il y a seulement deux ou trois tables, réservées à une clientèle d'habitués. Malgré son chapeau de paille, il semble souffrir de la chaleur. À l'entrée de la boutique, sa femme surveille les client.e.s et son mari. Elle vend des fruits et légumes de Balagne, du vin et du fromage corses, des boissons fraîches et quelques cartes postales.

Le long de la départementale qui traverse ce village d'un peu plus de deux cents habitants, on compte aussi deux ou trois restaurants, un atelier de fabrication de bijoux, une coopérative d'huile d'olive, deux hôtels et un bar-tabac. En contrebas de la route principale, la place de l'église donne sur la vallée et les hautes montagnes de roches magmatiques.

Si la moyenne d'âge est déjà élevée dans la région de la Balagne – 57 % de la population a plus de quarante-cinq ans –, le petit village de montagne de Feliceto, situé à une quinzaine de kilomètres de la mer et de la ville plus proche, ne semble habité que par des personnes âgées. Des vieux et des vieilles, mais pas forcément des retraité.e.s. Au contraire, ce sont souvent des octogénaires qui travaillent encore, tandis que leurs enfants et petits-enfants sont partis en ville ou sur le continent pour chercher un emploi.

Comment les hommes vieillissent-ils dans ce territoire que l'on dit à la fois matriarcal et machiste ? Que racontent-ils de leurs histoires et de leurs émotions ? Est-il possible de leur parler d'amour ?

Sous surveillance

Jean-Baptiste sourit sous son épaisse moustache grise. Il retire régulièrement son chapeau, découvrant son crâne glabre avec théâtralité. Il a un nez imposant, de grandes oreilles et des airs de personnage de dessin animé.

Feliceto, Jean-Baptiste l'a quitté un temps pour le travail, parce que ici, quand il était enfant, il n'y avait que des bergers. Il a fait carrière dans l'aviation civile, au ministère des Transports, d'abord à Bastia, puis à Calvi. Il travaillait à terre, « sous les avions », ce qui l'a rendu partiellement sourd. Nous devons parler fort et répéter souvent nos questions. Les gens qui passent le saluent, il les interpelle en leur demandant s'ils veulent être interviewés par « France 3 » ou les prévient : « Attention, nous sommes enregistrés ! »

L'enfance de Jean-Baptiste a été marquée par la guerre et les pénuries, au sein d'une fratrie de cinq enfants, dont trois sont morts très jeunes. Toute sa vie, Jean-Baptiste a eu peur de manquer à nouveau, peur de la pauvreté, des placards vides. Quand il a eu des enfants, il a travaillé doublement, travaillé au noir, travaillé la nuit. « Je livrais des frigidaires sur le dos. J'ai jamais voulu que mes enfants souffrent ce que j'ai souffert. » Aujourd'hui, à quatre-vingt-trois ans, il continue de travailler pour les aider.

Quand on lui demande s'il est encore amoureux de sa femme après soixante ans de mariage, il formule sa réponse au passé : « C'est une femme que j'ai beaucoup aimée. J'ai fait une carrière dans l'aviation, j'ai connu pas mal de femmes. Des hôtesses de l'air et j'en passe. Mais j'ai jamais trompé la mienne. » Comme pour rectifier cette maladresse, il désigne la devanture de la boutique d'où son épouse nous observe : « Regardez ma femme : elle a soixante-seize ans, on dirait qu'elle en a quarante ! Elle est toujours belle ! »

Il nous entraîne à l'intérieur de l'épicerie, attrape une grande enveloppe d'où il sort des clichés noir et blanc. « Là, c'est ma femme quand elle était jeune, regardez, elle ressemble à une Gitane. La vraie Corse, bronzée, les cheveux longs jusqu'aux cuisses. Et ça, c'est moi... Vous m'auriez connu ce jour-là vous ne seriez plus rentrées à Paris ! »

Margot se tient dans un coin, silencieuse. Elle porte toujours ses cheveux longs et noirs, un trait épais de khôl au coin des yeux, façon Claudia Cardinale, comme une preuve de la jeune femme qu'elle a été.

Jean-Baptiste nous raconte avec fierté qu'il a fait pleurer des femmes du village lors d'une procession religieuse, alors qu'il remplaçait le curé pour rendre service. « Mais moi je ne montre pas quand je suis triste. Quand je suis triste, je suis chez moi, dans mon jardin. »

Deux ou trois secondes de silence. D'un coup, il se ressaisit : « Vous m'avez fait brûler mes tomates ! Oh foi de Dieu !... Vous m'avez épuisé. Faites-vous payer à boire, ils ont des sous, ceux-là. »

Jean-Baptiste interpelle un homme sur la terrasse : « Fifi, tu veux pas être interviewé ? C'est des touristes ! » Des vacancières, voilà comment la plupart des hommes rencontrés ici nous perçoivent. Personne ne semble nous prendre au sérieux.

Une femme qui passe tous les étés au village affirme que nous sommes au bon endroit pour trouver des hommes. Pourtant, aucun de ceux présents ce midi *Chez Margot* n'a envie de nous répondre. Ils font des blagues, nous posent des questions sans vraiment écouter les réponses, critiquent la capitale où nous vivons, tout en se prêtant à des numéros de charme. Une habitante du village regrette qu'on n'interviewe que des hommes : « Ils se lamentent déjà assez ! »

Alors que nous poursuivons la discussion avec Jean-Baptiste, son épouse Margot s'interpose, nous demande d'aller voir ailleurs. Pourquoi vouloir poser toutes ces questions à son mari ? « Des hommes, il y en a plein d'autres au village. » Toute la terrasse nous dévisage.

Une sensation étrange… Celle d'être perçues comme une menace. Nous savions que notre démarche pouvait être mal interprétée, mais nous n'imaginions pas que ce serait le cas auprès des plus âgés, de l'âge de nos grands-parents.

Le plus incongru, c'est peut-être notre entêtement à vouloir faire parler ces hommes de tout ce qu'ils ont l'habitude de taire. Les souvenirs enfouis, calcifiés, sédimentés, à force de n'avoir jamais été partagés, pas même, peut-être, avec leurs épouses. Deux femmes trentenaires qui posent des questions intimes à des hommes âgés, c'est tellement inhabituel que ça paraît suspect, voire dangereux.

Muré dans le silence

Au village, tout le monde parle de « Joseph et son auberge », comme s'ils formaient un couple. Cette auberge dans laquelle, selon la rumeur, le patron jette des assiettes par la fenêtre depuis un demi-siècle. Un restaurant qui aurait attiré les stars d'une époque révolue. On raconte aussi que Joseph est fêtard, imbattable au score d'alcoolémie, et pas avare de bonnes histoires. Figure mythique du village, une sorte de porte-parole qui autoriserait tous les autres à se murer dans le silence.

« Entrez, vous pouvez filmer si vous voulez. » À l'auberge du Moulin, Joseph ne semble pas surpris de notre présence. Il joue l'habitué des médias et commence à présenter les lieux, avec un discours bien rodé. Dans ce moulin, créé par son arrière-arrière-grand-père, on presse les olives à la main, « à l'ancienne ». Il est flatté que des journalistes viennent à sa rencontre, fier d'être une sorte de figure locale. « Qui c'est qui a donné dans l'animation, dans mon village ? Qui a fait passer les télés ? Les revues ? »

Joseph est né ici en 1936, dans la maison de ses parents. Il a été élevé par sa tante qui est morte à cent quatre ans « dans [ses] bras ». « Y a pas de vieillesse, vous avez compris ? Tant pis pour ceux qui se trompent et qui veulent vieillir. Pourquoi vieillir ? »

Comme Jean-Baptiste, il n'a pas l'intention d'arrêter de travailler pour l'instant. « Tant que j'ai un peu de souffle, je continue. Je reste là, c'est ma vie. » La salle du restaurant est décorée de cadres du sol au plafond. Vieilles photos, coupures de journaux, têtes d'animaux empaillés, bois de cerfs et guitares de plusieurs couleurs.

Joseph ne s'est jamais marié et n'a pas eu d'enfant. Il a perdu des femmes avec lesquelles il a vécu « en collaboration, mais on peut pas l'expliquer. Il y a des choses dans la vie… ». Il a travaillé et voyagé « à gauche et à droite ». Le flou de son récit lui sert de protection. Le vieil homme a l'air de considérer chaque question intime comme une attaque. Alors il fait diversion, nous montre ses livres d'or remplis de mots signés par des célébrités – là Jean-Paul Belmondo, « Pour le roi Joseph ! », Pierre Richard, Pauline

Laffont, Jacques Dutronc, ici un baiser au rouge à lèvres déposé par l'actrice Vanessa Demouy.

Il s'interrompt et nous propose de boire un « petit apéritif maison » : de la clémentine qu'il met en macération dans du rosé et du blanc, un peu de sucre et de l'eau d'Orezza. « Moi, je suis un Verseau. On boit du vin mais l'eau, on la verse à côté ! C'est ma vie ! » Se mettre en scène, dégainer ses répliques pour nous tenir à l'écart : Joseph use de tactiques d'éloignement. « Allez, goûtez, si c'est pas bon vous le jetez par la fenêtre. Tchin, bonne traversée ! »

A-t-il eu une vie heureuse ? « J'ai toujours été heureux, sauf quand j'ai perdu mes parents, ma tante, et ma pauvre femme. C'est tout ce que je peux vous dire. En tout, j'ai perdu trois femmes. » L'une d'elles est morte dans son lit, elle s'est éteinte dans ses bras. Ce sont des histoires qu'il ne peut pas raconter. « La vie est ainsi faite. » Ces femmes, qui étaient-elles ? Comment les a-t-il aimées ?

Il vide son verre d'un trait et répète, en s'en servant un autre : « C'est des histoires qu'on ne peut pas raconter. Buvez un coup et taisez-vous ! »

Joseph avait dix-huit ans en 1954, l'année du déclenchement de la guerre d'Algérie. Pour son service militaire, il a été « maintenu sous les drapeaux pendant trente et un mois. C'est ma classe à moi qui a fait le plus long séjour en Algérie ». Là, il a participé à des héliportages, œuvré comme technicien radio, mais il se protège encore : « Il y a des choses que je ne peux pas me permettre de divulguer. »

Son mutisme, ses affirmations péremptoires, la façon qu'il a de remplacer les mots par l'alcool nous rappellent les discussions impossibles avec nos grands-pères, nos tentatives avortées de leur arracher des indices sur leur enfance. Quelques traces de nous en eux.

Et puis, chez eux comme chez lui, ce réflexe de convoquer la guerre d'Algérie pour ne rien en dire, simplement pour nous rappeler qu'ils ont souffert et qu'à présent il faut se taire. Ont-ils commis le pire ?

Nous nous sentons aussi loin de ces hommes que nous nous sentions proches de Janine, Gisèle et Thérèse : ces vieilles dames du foyer logement de Cesson-Sévigné rencontrées l'année passée, qui nous avaient déplié leur vie sur les draps de leur dernier lit, légué leurs souvenirs, leurs drames et leurs injustices. Les agressions sexuelles chez les bonnes sœurs, les avortements clandestins, les maris violents, la maltraitance des parents. Elles nous avaient confié ce qu'elles n'avaient parfois jamais dit avant. Elles avaient compris que nous étions là pour ouvrir un espace de parole, avec nos micros et nos oreilles.

Joseph prétexte avoir du travail pour préparer le service du soir et nous invite à revenir dîner au restaurant.

« Les secrets, c'est comme mon moulin. Le moulin tourne, ça rentre d'un côté, ça sort de l'autre. Le moulin fait du bruit, mais il ne parle pas. » Ignore-t-il l'expression « moulin à paroles » ?

L'eau-de-vie

Quelques client.e.s sont installé.e.s et les entrées déjà servies. Joseph a troqué la chemisette en jean qu'il portait l'après-midi pour une tenue traditionnelle noire, ornée d'une ceinture rouge. Il ôte son chapeau pour nous accueillir. Ça lui plaît de nous voir arriver avec nos micros, même s'il regrette qu'il n'y ait pas de caméra.

Sur les tables, pâtés et charcuteries, pichets de vin rouge remplis à ras bord. Pendant que les clients dînent, Joseph s'occupe de l'animation. Il raconte des souvenirs, chante et joue la comédie, interpelle les clients qu'il fait venir près de lui à tour de rôle pour des duels de « cul sec ». Il remplit les verres et trinque avec tout le monde, prête des sombreros et des guitares. Après l'entrée, des plats de sanglier en sauce et de spaghettis sont déposés sur les tables. Le vin et la musique donnent le tournis.

Derrière nous, un homme barbu, au ventre très rebondi sous une chemisette à carreaux, est attablé avec deux amis. Sa voix porte loin. Luc n'a pas fait de « grandes études ». Il s'est arrêté au BEP et n'a jamais quitté la Corse. Il habite seul à Calvi, ne s'est jamais marié mais a vécu avec sa compagne pendant vingt-trois ans.

« Au niveau du cœur », il a toujours été très timide. Il était même un adolescent « complètement bloqué ». Plus une fille lui plaisait, moins il y arrivait. Sa première « vraie histoire », il l'a vécue avec sa compagne. Au départ, elle ne l'attirait pas physiquement, puis il s'est aperçu que c'était « une belle personne ». « Ça m'a touché de voir à quel point elle était amoureuse de moi. »

C'est elle qui a décidé de la séparation il y a cinq ans, « peut-être à cause du train-train, de la routine ». « Bien obligé d'accepter » la rupture, il dit en avoir souffert, sans vraiment en comprendre les raisons. « Ça m'a fait mal.

Moi, je serais bien resté avec elle. Mais les femmes on sait comment elles sont : compliquées. »

Derrière ces « femmes compliquées » et ces raisons obscures se dessine une autre explication, dont il porte la responsabilité. Le joyeux quinquagénaire observe son verre vide. Il semble tout à coup bien penaud, en attrapant la carafe de vin rouge. « J'ai toujours été fidèle. Pour ça, je suis quelqu'un de sérieux. Mais j'étais un bringueur, je sortais beaucoup et je rentrais souvent tard. J'ai continué jusqu'à ce qu'on se sépare. »

Son ex-compagne en a beaucoup souffert. « Elle m'a dit après coup que je ne pouvais pas savoir le nombre de fois où elle avait pleuré. » Luc s'étonne qu'elle ne lui ait rien dit plus tôt. Comment pouvait-elle supporter ça ? « Ça me faisait de la peine. Des fois je me disais qu'il fallait que je rentre, qu'il était tard, puis je m'accordais encore cinq minutes. Et ça pouvait durer des heures, jusqu'à 4 heures du matin. C'est la vie malheureusement, on choisit pas. On est comme on est. »

Luc ne cesse de se resservir du vin rouge. Il affirme n'avoir jamais été violent physiquement avec sa compagne et sa fille, mais il reconnaît avoir eu des accès de colère et d'agressivité sous l'emprise de l'alcool.

Faut-il croire cet homme sympathique et affable ? Nous savons que les hommes violents le reconnaissent rarement, *a fortiori* s'ils le sont dans un état modifié de conscience, dû à l'alcool ou à la drogue. Luc peut nous dire ce qu'il veut, le doute s'insinue. Et nous ne pouvons nous empêcher de nous mettre à la place de cette femme qui a attendu près de vingt-cinq ans qu'il change.

Comme pour se décharger de sa culpabilité, il précise que son médecin lui a interdit de boire. Pendant six mois, il a complètement arrêté et perdu trente kilos. Puis finalement, il a « tout repris, comme un imbécile ».

Pendant notre échange, Joseph, le maître des lieux, continue d'enchaîner les verres, l'œil brillant mais les gestes assurés. Il fait venir les clients devant lui, leur demande de pencher la tête en arrière et leur verse du vin directement dans la bouche. Les yeux sont vitreux, les rires gravissent les aigus.

La température du restaurant semble prendre graduellement quelques degrés. Les musiques s'enchaînent, et l'une des chansons résonne avec les récits des hommes d'ici.

> *« Le vin de Corse m'avait donné la force*
> *De t'avoir dit je t'aime,*
> *Le vin de Corse me réchauffe le corps*
> *Et tu n'es plus la même*… »*

Depuis sa séparation, Luc est célibataire. Il aimerait « rencontrer quelqu'un et retomber amoureux… ». Il se reprend : « Enfin, tomber amoureux. » Comme s'il n'était pas sûr de l'avoir déjà été.

Le lendemain matin, il doit se lever à 4 h 30 pour aller travailler. « Il faudrait avoir deux vies. Une vie pour se rendre compte de ses erreurs, et une autre pour tout recommencer et pas refaire les mêmes. »

---

* *Le vin de Corse*, Hervé Vilard, 1986.

Le son de la mère

Aujourd'hui, c'est le 15 août, la fête de la Vierge Marie, sainte patronne de la Corse. Demain, ce sera au tour de la Saint-Roch, le patron du village de Feliceto. Ce sont deux jours de festivités ici, durant lesquels les hommes jouent un rôle central.

Dans la torpeur du milieu de l'été, ces fêtes religieuses constituent l'acmé de la saison et viennent rompre la monotonie du vieux village, rappelant tout à la fois que la vie continue, été après été, qu'ils sont encore debouts et que rien n'a changé.

Louis a près de quatre-vingt-dix ans. Nous sommes frappées par l'autorité naturelle, écrasante, de ce militaire de carrière, qui a passé une bonne partie de sa vie loin de sa Corse natale et de sa famille.

S'il a subi la guerre pendant son enfance au village, c'est comme si, depuis lors, il l'avait chevillée au corps. Il est parti combattre en Indochine dès qu'il a été en âge de le faire – « Ma femme, que j'ai connue enfant, dit qu'elle m'a toujours vu avec un fusil à l'épaule ».

Louis et son épouse se sont fiancés en 1955, puis mariés deux ans après, alors qu'il bénéficiait d'un congé de quinze jours. Pour la naissance de son fils aîné, Louis n'a pas obtenu de permission. Il l'a donc vu pour la première fois lorsqu'il était âgé trois mois. Il était alors en Algérie et ne revenait que quelques jours tous les six mois. « Un matin, alors qu'il avait trois ans, mon fils m'a vu dans le lit de sa mère. Il m'a appelé "tonton" ! »

Louis correspondait avec sa femme, en prenant l'habitude d'écrire ses lettres à l'avance, par paquet, et de les poster chaque jour « pour qu'elle ne se fasse pas de souci ». Louis n'est pas romantique. Malgré tout, il considère sa femme comme « une partie de [lui] ». « Je remercie le Bon Dieu de me l'avoir conservée. » « On a neuf mois de différence. Je dis toujours que quand le Bon Dieu a vu ce que j'étais, il a pensé à me faire une compagne. Comme Adam et Ève ! » Une vie au paradis, dans l'enclos de la conjugalité.

Lorsque nous nous enquérons de savoir si sa femme a souffert loin de lui, il nous répond qu'il faudrait le lui demander, qu'il n'en sait rien. Autant d'années de mariage, une vie passée ensemble, la question ne se serait-elle pas posée ?

Nous aimerions le questionner sur la fidélité, sur la survivance du couple à travers le temps, mais Louis tient ses distances. Quant à aborder la violence de la guerre, il n'en dit presque rien, ne s'épanche pas. Là encore, chez Joseph comme chez Louis, la guerre est à la fois omniprésente et taboue. Peut-être considèrent-ils aussi que c'est un territoire d'hommes, d'anciens combattants. Peut-être estiment-ils impossible que nous puissions comprendre. Une perte de temps.

Pour Louis, l'expérience la plus dure de sa vie n'a pas été la guerre, mais la retraite. Après avoir passé une vie loin de chez lui, il a découvert la réalité du foyer. Il décrit dans le détail l'enfer du quotidien : la cuisine, le ménage, le linge, la proximité avec le conjoint. Avec son épouse, ils ont pris depuis peu la décision de partir en résidence seniors en demi-pension, avec quelqu'un.e pour leur faire le ménage et changer le linge chaque semaine. Il va enfin pouvoir se reposer.

A-t-il encore des rêves? Son regard se perd au large. « J'aurais aimé continuer à faire du bateau, entendre le son de la mer. Jusqu'à récemment, j'avais un petit bateau, et je m'éclatais. Mais on m'a mis une prothèse à l'épaule et après ça je ne pouvais plus manœuvrer, alors je l'ai vendu. Mais à chaque fois que j'en vois un, j'en ai envie. »

Alors que nous suivons les rêveries de Louis, assises sur un muret de pierres sèches devant *Chez Margot*, Jean-Baptiste, qui affirmait pourtant n'avoir plus rien à nous dire, s'approche et se joint à la conversation. Il est peut-être tiraillé entre l'envie de nous parler et celle de se taire, dictée par sa femme. En laissant traîner une oreille, il a entendu Louis nous décrire la misère de son enfance pendant la guerre. Ça l'irrite. « Nous, on était vraiment pauvres, pas vous ! » Enfants, les deux hommes se sont côtoyés au village, puis se sont retrouvés en Algérie, par hasard. « Il a fini major, moi j'ai fini caporal, souffle Jean-Baptiste. Ça m'a suffi, je suis un ancien combattant quand même. » Nous sentons entre eux une rivalité mal digérée, le complexe de classe de Jean-Baptiste, et l'ascendant de Louis.

La mécanique du chœur

Le lendemain pendant la procession en l'honneur de saint Roch, tous les hommes du village sont réunis autour de leur « patron ». La relique du saint en résine, à taille humaine, est disposée dans une sorte de boîte ouverte et décorée de fleurs et de branches. Quatre hommes la portent. Jean-Baptiste défile au milieu du cortège et les membres de la confrérie en soutane blanche marchent aux côtés du prêtre en chantant. Il y a quelque chose d'émouvant et de gracieux, dans ce chœur. Ensemble, ils vibrent. Chacun enfin à sa place, les basses et les aigus s'accordent, sans hiérarchie.

La procession se termine dans l'église, la lumière de fin de journée frappe les vitraux et dessine des halos multicolores sur les dos des hommes. Certains ont les larmes aux yeux. À quoi pensent-ils ? Pourquoi laissent-ils soudainement transparaître leurs émotions ? Les femmes dans le cortège paraissent moins affectées. Comme si elles avaient d'autres occasions de pleurer. À l'issue de la messe, nous demandons à un membre de la confrérie, Thierry, chanteur polyphonique et policier municipal à Calvi, ce qu'il en pense. « C'est plus facile d'exprimer les émotions en chantant qu'en parlant. Quand je chante, je ne pense plus à mon métier. Ça me libère. » S'il a un regret, c'est d'avoir choisi comme profession gardien de l'ordre plutôt que chanteur polyphonique.

Ce soir à Feliceto, le soleil descend et l'ombre mange le cimetière au pied de l'église. Notre enregistreur est lourd de mots et de silences.

Juste avant notre départ, le doyen, Michel, nous accueille chez lui. Ancien maire du village voisin, il ose à peine nous dire qu'il vient d'avoir quatre-vingt-dix ans. Comme les autres, il nous parle de la guerre à demi-mot. Il veut nous dire ses exploits, sa réussite professionnelle de marchand de bestiaux devenu boucher, son long mandat de maire admiré et respecté.

Sa femme, qu'il « aime comme au premier jour », est à l'étage. Elle passe le balai, s'active encore pour que la maison soit impeccable. Lui nous offre des bonbons comme si nous étions des petites filles, presque les siennes – ça aurait pu. Alors que nous sommes prêtes à partir, il nous retient quelques instants encore, nous demande de coller l'oreille là, contre sa poitrine, pour entendre son secret. Un tic-tac mécanique qui bat à la place de son cœur. Par ce geste, il en dévoile peut-être davantage que la plupart des hommes rencontrés ici.

Blessures de guerre ou de labeur, médailles invisibles des travailleurs et anciens combattants. Il y a ce que ces hommes disent et ce qu'ils arborent, la fierté et la pudeur, leur grande gueule et leur armure. Il y a ce que ces hommes veulent bien montrer et le reste.

Une digue infranchissable entre la stature et les émotions.

Entre le cœur et le champ de bataille.

CONCLUSION

Nous nous sommes souvent demandé : à quoi ça sert de faire *ça* ? Juste *ça*. Discuter. Aller parler aux gens, pour qu'elles et ils nous racontent la banalité du quotidien. Des vies qui se ressemblent et ressemblent aux nôtres, aux vôtres. Des vies qui n'ont rien d'extraordinaire. Des vies de femmes, d'abord, puisque notre intention première était de laisser parler les petites filles et les « vieilles filles », les épouses, les mères, les grands-mères, les travailleuses ou les femmes au foyer. Mais quand les échanges ravivent les traumatismes, quand la colère rend sourd.e.s, quand l'histoire a donné raison à la radicalité, nous pouvons nous demander : pourquoi parler aux hommes ?

Peu à peu, cependant, nous avons entendu la complexité : les propos misogynes, les colères, les frustrations, mais aussi la fragilité, les regrets, les souffrances absorbées – parfois tout cela dans la bouche d'un même homme –, les confessions d'un autre – qui a l'air de ne rien confesser – à propos des violences exercées contre sa femme et ses enfants. Nous ne sommes pas dupes : nous avons écouté, mais nous n'étions pas là pour les reprendre, les changer. Nous souhaitions comprendre pourquoi les hommes s'infligent cette posture patriarcale, la colère, les relations sans amour, la frustration de ne pas pouvoir multiplier les conquêtes, les costumes cravates, la paternité sans le temps…

Rares sont les femmes qui ont pleuré en nous parlant, car elles l'avaient déjà fait avant. Seules ou avec leurs amies, leurs filles, leurs sœurs, en bande au collège ou autour d'un thé entre vieilles. Les hommes, eux, sont nombreux à s'être effondrés, fissurés aux premières questions posées sur leurs enfants, leurs parents ou leurs amours passées, présentes, futures. À notre tour, nous avons vacillé devant leurs yeux qui s'embuent, leurs gorges qui se serrent. Nous sommes tellement peu habituées à voir les hommes pleurer : nous avons senti leur honte, nous l'avons partagée et avons même détourné le regard.

L'activiste féministe afro-américaine bell hooks, dans son essai *La Volonté de changer**, éclaire parfaitement ce que nous avons entendu. Elle parle de notre peur, à nous les femmes, d'envisager que « nous ne savons rien des hommes » et affirme que la peur se nourrit précisément de cette ignorance.

Mais elle évoque aussi de la peur des hommes. « Ce n'est pas vrai que les hommes ne veulent pas changer. Cependant, il est vrai que beaucoup d'hommes ont peur de changer. Il est vrai que des millions d'hommes n'ont

---

*bell hooks, *La Volonté de changer. Les hommes, la masculinité et l'amour*, traduit de l'anglais par Alexis Taillard Éditions Divergences, 2021.

même pas commencé à se demander en quoi le patriarcat les empêche de se connaître vraiment eux-mêmes, d'être en contact avec leurs sentiments, et d'aimer. » « ... si ils devaient ressentir quelque chose, [...] alors la réponse virile consisterait à les étouffer, à les oublier. »

Pour entendre cette peur, mais aussi le bruissement d'une envie de changement, il nous a fallu du temps. Deux années d'échanges avec eux, puis entre nous, pour, selon la formule galvaudée, transformer l'intime en politique, donner à cette parole un contexte familial, social, géographique.

Dans la vie ordinaire, quand ce n'est pas pour notre travail, nous n'avons pas le temps*. Nous n'avons plus le temps, alors qu'en France il ne se passe pas un jour sans que le RAID ou le GIGN n'intervienne pour libérer des femmes ou des enfants pris.e.s en otage par un homme de leur famille**. Nous n'avons plus le temps alors que le collectif #noustoutes a dénombré 134 féminicides pour l'année 2023.

Nous sommes en droit de nous interroger : quand les hommes prendront-ils le temps, eux aussi, de questionner les femmes sur leurs vies, leurs difficultés, les violences

---

* « ... nous n'avons pas le temps. Nous, les femmes. Nous n'avons pas l'éternité devant nous. Certaines d'entre nous n'ont pas une semaine de plus ou pas un jour de plus à perdre pendant que vous discutez [...], nous sommes tout près de la mort », extrait d'un discours d'Andrea Dworkin, chercheuse, militante et essayiste américaine, 1983. Publié dans *Souvenez-vous, résistez, ne cédez pas*, traduit de l'anglais par la collective Tradfem, Éditions Syllepses et Remue-ménage, 2017.

** Selon Gérald Darmanin dans une interview au *Parisien* du 1er août 2021.

qu'elles subissent ? Quand prendront-ils le temps de comprendre, d'affronter, de se confronter aux inégalités, à la violence qu'ils infligent ?

Ce livre est une tentative de laisser parler les femmes, de réduire le bruit autour de leurs paroles, de leurs cris. Elles parlent encore et toujours. Mais qui les entend ? D'autres femmes ? Nous, nous savons déjà ce qu'elles vivent, ce que nous vivons.

#MeToo continue. D'autres prennent le relais, témoignent à leur tour. Quelques hommes rejoignent la vague et disent qu'eux aussi – surtout lorsqu'ils étaient enfants – ont subi la violence patriarcale. Nous avons toutes et tous intérêt à la dénoncer et à laisser parler les souffrances enfouies.

Mais qui sont les hommes qui prendront le temps de venir nous voir, de s'asseoir à notre table, de nous tendre le micro, de nous écouter et de nous laisser *enfin* parler ?

REMERCIEMENTS

Merci à toutes celles et tous ceux qui ont accepté de nous livrer des fragments de leur vie et de nous donner de leur temps.

Merci à Anaïs Alessi, Karine Voisin, Josselin Raynaud et Gérald Bennetot du collège de Ville-la-Grand.

Merci à Caroline Bollard de nous avoir guidées à Montélimar, à Juliette Medelli de nous avoir accueillies à Montreuil-sur-Mer, ainsi qu'à Hélène Vaveau.

Merci à Philippe Hamon, animateur à la *résidence d'Automne* de Cesson-Sauvigné.

Merci à Cédric Mathieu et Émilie Strabach du bar *Le Troquet* à Épinal, pour l'accueil et l'organisation d'un concert spécialement pour nous.

Merci à Louison Carroue de nous avoir fait rencontrer Isabelle Buckova, gérante du salon *IB Coiffure Esthétique*.

Merci à Sylvie Delage et Éric Baron du service enfance jeunesse du Comité central du Groupe public ferroviaire, sans qui nous n'aurions jamais pu repartir en colonie de vacances.

Merci à Sarah du bar *La Fabrique* à Montélimar.

Merci à Caroline Trichot, cheffe de service à la maternité de Levallois-Perret, et à toute l'équipe.

Merci à Nicolas Dartigues, directeur du camping de Maubuisson, à Marlène Roques.

Merci à Véronique Millant qui nous a ouvert le chœur des hommes de Feliceto.

Merci à Antoine de Tilly, à la *Maison de l'amitié* de La Défense.

Merci à Thibault Webre, directeur de l'école élémentaire Riblette dans le 20ᵉ arrondissement de Paris.

Merci aux Sangliers de Liffré.

Merci à Romain Le Gloahec de l'Afev et à l'association D.É.F.I Production qui nous ont conduites au Mirail.

Merci à Stéphanie Ragonot et Étienne Gaultier pour les bons conseils et l'accueil à Borme-les-Mimosas.

Un grand merci à la direction de France Culture pour sa confiance, et tout particulièrement à Camille Renard pour son accompagnement.

Merci aux équipes de Grasset, et en particulier à notre éditrice Pauline Perrignon, d'avoir permis à ce projet de se poursuivre sous la forme d'un livre.

Et un immense merci à Annabelle Brouard et David Jacubowiez pour leur patience face à la montagne de rushs que nous leur avons livrés chaque semaine et pour la réalisation haute couture de ces séries documentaires.

Cet ouvrage a été achevé d'imprimer sur Roto-Page
par l'Imprimerie Floch à Mayenne
pour le compte des éditions Grasset
en avril 2024

Composition réalisée par Belle Page

Grasset s'engage pour
l'environnement en réduisant
l'empreinte carbone de ses livres.
Celle de cet exemplaire est de :
450 g éq. CO$_2$
Rendez-vous sur
www.grasset-durable.fr

PAPIER CERTIFIÉ

N° d'édition : 23208 – N° d'impression : 104828
Dépôt légal : mai 2024
Imprimé en France